섬기는 예수 제자를 위한 **3**가지 태도

주로 걷다

주로걷다

발행일 초판 1쇄 2015년 9월 1일

지은이 이찬형
펴낸이 임후남

펴낸곳 생각을담는집
주 소 경기도 광주시 오포읍 머루숯길 81번길 33
전 화 070-8274-8587
팩 스 031-719-8587
전자우편 mindprinting@hanmail.net

인 쇄 올인피앤비

ISBN 978-89-94981-61-1 03230

* 책값은 뒤표지에 있습니다.
* 잘못 만들어진 책은 구입하신 곳에서 교환해 드립니다.

국립중앙도서관 출판예정도서목록(CIP)

주로 걷다 / 지은이: 이찬형. — 광주 : 생각을 담는 집, 20
15
    p. ;   cm

ISBN 978-89-94981-61-1 03230 : ₩10000

성령 [聖靈]

234.8-KDO6
248.4-DDC23   CIP2015022560

섬기는 예수 제자를 위한 **3**가지 태도

주로 걷다

주님의 길을 걷다.
주님의 이름으로 길을 걷다.
주님 밖으로 이탈하거나 그 길가에서 가던 길을 멈출지라도 다시 걷다.
샘물 마시고 다시 주로 걷다.

이찬형

CONTENTS

들어가면서

———

기회 있을 때마다 십대들에게 하는 말이 있다.

"너희에게는 실수할 자유가 있다."

십대들이여.

그대들은 눈부신 시간을 보내는 중이다. 믿기지 않겠지만. 실수할 자유가 있다는 말은 도전의 기회가 많다는 말이다. 그리고 실패할 기회가 많다는 것이다.

부모세대가 되면 한 번의 실수가 치명적인 실패로 이어진다. 그러나 십대에는 수정할 기회가 있다. 다시 고치고 일어서고 폭발적으로 성장할 기회는 십대들만의 특권이다.

그러나 이 '폭발적 성장이 가능해지는 실수'에는 조건

이 하나 있다. '정확하게 실수하라'는 것이다. 정확한 실수란 '목적을 이루어 가는 과정에서 일어나는 실수'를 말한다.

예를 들어보자. 수업시간에 편안하게 질문할 수 있다. 유쾌하면서 동시에 지적인 호기심을 깨고 성장할 수 있는. 쉬는 시간에 친구와 함께 신나게 놀 수 있다. 명랑하지만 동시에 마음의 배려가 묻어나는 진심 어린 관계를 만들어 가는.

물론 그러다가 실수가 늘 동반되게 마련이다. 호기심이 지나쳐서 장난이 될 수 있다. 친구가 좋아서 하게 된 장난이 지나쳐서 상대방이 상처를 받을지 모른다. 그때는 상대방의 입장으로 즉시 생각해보라. 그리고 행동의 잘못이 있었다면 마음에서 우러나온 사과를 하라. 바로 그때, 그대는 성장하고 있다.

이것이 이기는 행동이다. 이것이 인격을 만들어가는 실수의 진정한 목적이기 때문이다. 그대에게는 실수할 자유가 있다. 그러나 부디 폭풍 성장이 뒤따라오는 실수를 하라. 예수 안에서 성장해가는 십대는 다른 십대와 다른 중요한 변별력을 가져야 한다. 그것은 '성령을 따라 행한다(갈 5:16)'는 것이다. '변별력'이라는 단어가 어려운가. 다른 단어로 표현할까 고심했지만 이보다 적합한 단어가 없었다. 그래서 사용했다. 생각이 성장한다는 것은 사물을 이해하는 정확한 단어들이 늘어나는 것이다. 여러분을 위해 이 단어를 그대로 쓴다. 이해하시라.

'성령을 따라 행하라'는 갈 5:16을 유진 피터슨 목사는 이렇게 번역했다.

> "내가 드리는 조언은 이러합니다. 자유롭게 살되, 하나님의 영이 이끌고 북돋워 주시는 대로 사십시오(My counsel is this: Live freely, animated and motivated by God's Spirit.)".

이것은 교회 신자들의 왕 멘토이신 사도 바울의 조언이다. 하나님의 성령에 의해서 활기차게, 하나님의 성령이 이끄시는 대로 살라는 것이다. 이것이 예수 안에서 성장해가는 십대들의 강력한 힘의 비밀이다.

자, 그렇다면 이것이 그대들의 삶이어야 하지 않겠는가? 성령을 따라 행하는 것이 무엇인지 알고 누려보자.

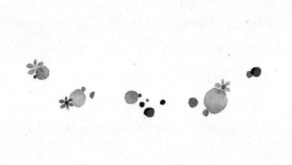

1부

———————

성령을 따라
by the Spirit

"무슨 결정을 하든지, 어떤 행동을 하든지 그 바탕에는
항상 자신을 움직이게 하는 어떤 태도가 깔려 있다"

– 닉 부이치치

성령을 따라 살지 않는 것은
육체로 사는 것이다

예수를 믿는다는 것은 교회에 출석한다는 것과 다르다. 예수를 믿는다는 것은 예수를 빼놓고 자신의 삶을 설명할 수 없게 되었다는 것이다. 만약 자신의 삶에서 예수를 빼고도 살 수 있다면, 아직 예수를 모르는 것이다.

예수를 믿는다는 것은 예수로 인해 사는 것을 말한다. 예수를 마이너스 시키면, 신자의 삶에서 남는 것은 하나도 없다. 그래서 바울은 이렇게 말했다.

"우리가 그를 힘입어 살며 기동하며 존재하느니라" [2]

이것이 절박하게 예수를 만났던 바울의 고백이다. 바울이 이 고백을 했던 곳은 아테네였다.

한때 자타가 공인한 이스라엘 최고의 지성인 가말리엘의 수제자 바울. 유대인에게 말할 때 구약성경을 그렇게도 익숙하게 사용할 줄 알았던 바울은, 아테네에서는 성경이 아닌 아테네 사람들이 익숙하게 알고 있는 시를 인용했다. 바울이 시대에도 능통하고 익숙했다는 얘기다.

바울은 당시 지성의 중심 아테네에서 전도하고 있었다. 아테네 거리 한복판 아고라(agora, 시민들이 소통하던 광장 [3])에서 당대 유명한 철학학파인 에피쿠로스학파와 스토아학파의 사람들과 광장에서 토론을 벌이기도 했다. 바울은 "이런 어리석은 사람을 봤나!"[4] 하는 빈정거리는 비난을 들으면서도 진리에 관심을 기울이는 몇몇 사람들도 포기하지 않았다. 그래서 사람들의 요청으로 아레오바고 언덕으로 갔다. 그곳에서는 아테네 시내와 아고라가 다 내려다 보였다.

바울은 거기 섰다. 아테네의 지혜를 먹고 자란 지성인들에게 자신이 줄 수 있는 최고를 주었다. 그것은 철학적 지혜가 아닌 복음이었다. 바로 예수 그리스도. 예수는 바울의 삶의 동기이며 삶의 기준, 그리고 삶의 목적이었다. 그래서 모든 교회의 참 신자들은 고백한다. 우리가 사는 이유는 예수 그리스도라고. 우리는 예수를 믿기에 사는 것이다.

그런데 예수를 믿는다는 것은 성령으로 사는 것이다. 성령은 왜 존재하시나? 성령의 존재 이유는 간단하게 말하면 두 가지다. 하나는 성부 하나님과 성자 예수님의 사역을 감당하시기 위해서다. 그리고 다른 하나는 예수님이 선포하신 하나님 나라를 신자들이 맛보도록 우리와 함께하시기 위함이다.

그래서 성령은 예수님의 사역을 영원히 지지하신다. 도우신다. 그것이 그분의 사역이시다. 성령의 사역과 관련해서 예수님은 이렇게 말씀하신 적이 있다. 예수님은 승천하신 후에도 우리와 함께하신다는 것이다. 어떻게? 성령 하나님을 통해서!

예수님은 이렇게 약속하셨다. 요 14 : 16이다.

"내가 아버지께 구하겠으니 그가 또 다른 보혜사를
너희에게 주사 영원토록 너희와 함께 있게 하리니"

성령 하나님은 예수님이 파송하신 '또 다른 보혜사'이시다. 보혜사라는 말은 '돕는 자, 상담자'라는 뜻이다. 예수님은 우리를 고아와 같이 버려두지 않으신다. 우리를 돌보신다(요14:18). 그래서 성령을 파송하셨다. 성령은 우리에게 필요한 모든 것을 가르치시고, 예수님이 말씀하신 것을 다 생각나게 하시는 분이다(요 14:26).

나는 처음 예수를 믿었을 때 이 부분을 묵상하면서 충격을 받았다. 충격을 받았던 대목은 요 14:26이다.

"……그가 너희에게 모든 것을 가르치고 내가 너희에게 말한 모든 것을 생각나게 하리라"

모든 것을 가르치고, 모든 것을 생각나게 하신다? 그렇다면 신자로서 사는 생활의 모든 것이 성령께 달렸다는 것 아닌가. 그런데 가만 생각해보니 그랬다. 성경도 인간 저자의 모든 상황을 사용하여 성령의 인도하심으로 쓰여진 것[5]이다.

죄가 무엇인지를 알게 하는 것도 성령이시고, 정의가 무엇인지 알게 하는 것도 성령이시고, 세상의 결국을 알고 인생의 목적을 분명히 하도록 하시는 분도 성령[6]이시다.

우리에게 평화를 주셔서 홀로 있어도 외로움을 타지 않도록 하시는 분, 왕따를 당해도, 그 어떤 일이 있어도 당황하거나 두려워하지 말라고 강력하게 도전하시는 분도 성령[7]이시다. 우리가 가진 예수 안에서의 능력을 확신시키는 분도 성령[8]이시고, 심지어 두려운 사람들 앞에서 용기를 내어 복음을 전하게 하시는 분도 성령[9]이시다!

우와! 과연 성령은 우리의 모든 것이시다. 성령을 따라 행한다는 것은 하나님의 뜻대로 생활한다는 것이다. 우리가 하나님의 뜻대로 살 수 있는 길이 열린 것이다. 이쯤 되면 우리는 짐작할 수 있다. 성령을 따라 행하는 것이 가장 중요한 일인 것이다. 그래서 성령을 따라 사는 삶이 무엇인지 관심을 기울이는 것이 필요하다. 자, 그럼 이제 성령으로 행하는 일이 무엇인지 살펴보자.

어떤 일을 잘 알기 위해서는 그 일과 상반되는 일을 살펴보는 것도 하나의 방법이다. "성령을 따라 행하라."는 바울의 말씀도 이런 방식으로 우리에게 전해진다. 바울은 갈라디아교회에 편지를 쓰면서 먼저 성령을 따라 살지 않는 생활은 어떤 특징이 나타나는지 기록하고 있다. 갈 5:19-21을 보자.

"육체[10]의 일은 분명하니 곧 음행과 더러운 것과 호색과 우상 숭배와 주술과 원수 맺는 것과 분쟁과 시기와 분냄과 당 짓는 것과 분열함과 이단과 투기와 술 취함과 방탕함과 또 그와 같은 것들이라 전에 너희에게 경계한 것같이 경계하노니 이런 일을 하는 자들은 하나님의 나라를 유업으로 받지 못할 것이요

(The acts of the sinful nature are obvious : sexual
immorality, impurity and debauchery ; idolatry and
witchcraft ; hatred, discord, jealousy, fits of rage,
selfish ambition, dissensions, factions and envy ;
drunkenness, orgies, and the like. I warn you, as
I did before, that those who live like this will not
inherit the kingdom of God").

바울은 우리가 항상 자기 마음대로 살려고 할 때, 우리의 생활이 어떻게 될지 아주 분명하다고 말씀하신다(갈 5:19a). 19-21절에는 열다섯 가지의 죄의 욕망과 행동의 목록들이 기록되어 있다.

하나님은 그리스도 안에 있는 모든 이에게 자유를 주셨다. 우리는 우리 삶에서 무엇이든 선택할 수 있다. 그러나 자유는 폭풍성장의 기회로 주신 선물이다. 그런데 자유를 악한 것을 드러내는 생활을 하는 데 쓰레기처럼 낭비해 버린다면 하나님 나라를 상속받지 못한다(갈 5:21).

그러나 오해 마시라. 하나님은 한순간의 실수 때문에 우리를 지옥으로 보내시는 분이 아니다.

위에 나타난 열다섯 가지의 죄의 욕망과 행동의 목록들은 어떤 이에게 나타나는 나쁜 습관들의 목록이다. 한

마디로 한순간에 이루어진 게 아니라 습관이 되어서 인격에 쌓여 있는 것을 말한다. 이 나쁜 습관들은 치명적이다. 이런 습관을 가진 사람들은 하나님 나라는 구경도 할 수 없다.

이것은 단번에 우연히 저지르는 실수가 아니다. '끊임없이 자유를 팔아 죄를 사 모은 결과로 이루어진 습관의 문제'[1]다. 이 습관은 삶의 태도이기도 하다. 신자는 누구나 성령을 따라 행하는 책임을 선물로 받았다. 십대도 예외가 아니다. 아니, 거룩한 십대에게 책임감은 더욱 중요하다.

그런데 불행하게도 항상 자기 마음대로 살려고 하면 이 끔찍한 죄의 습관이 생긴다. 이렇게 만들어진 습관을 바꾸지 않으면 결과는 분명하다. 영향력 있는 생활을 할 수 없다. 책임감을 다할 수 없는 사람. 자기도 만족할 수 없고, 행복하지 않고, 남에게도 불편을 끼치는 삶을 살게 된다.

심각하지 않은가. 하나님은 동일한 자유의 기회를 주셨다. 그런데 이렇게 다르게 살 수 있다니. 정신을 차려야 한다. 이제 아주 분명하고 명백한 죄의 욕망과 행동의 목록들을 자세히 보자.

바울은 수많은 죄의 습관 중에서 열다섯 가지를 뽑았다. 이 목록은 다시 네 가지 범주로 나눌 수 있다.

(1) 성적인 죄의 욕망과 행동 세 가지

- 음행(사랑 없이 되풀이 되는 값싼 섹스)

- 더러운 것(악취를 풍기며 쌓이는 정신과 감정의 쓰레기)

- 호색(과도하게 집착하지만 기쁨이 없는 쾌락)

(2) 영적인 범죄 두 가지

- 우상 숭배(껍데기 우상들)

- 주술(마술 쇼 같은 종교)

(3) 믿음의 공동체를 향한 범죄 여덟 가지

- 원수 맺는 것(편집증적인 외로움)

- 분쟁(살벌한 경쟁)

- 시기(모든 것을 집어 삼키지만 결코 만족할 줄 모르는 욕망)

- 분냄(잔인한 기질)

- 당 짓는 것(사랑할 줄도 모르고 사랑받을 줄도 모르는 무력감)

- 분열함(찢겨진 가정과 찢어진 삶)

- 이단(편협하고 왜곡된 것을 추구하는 마음)

- 투기(모든 이를 경쟁자로 여기는 악한 습관)

(4) 사회적인 범죄 두 가지

- 술 취함(통제되지도 않고 통제할 수도 없는 중독)

• **방탕함**(이름뿐인 꼴사나운 공동체)

이것은 무시무시한 목록이다. 예수님은 우리에게 성령을 선물로 주셨다. 성령을 통해 진리 안에서 자유한 생활이 있다는 것도 알았다. 그런데 끔찍한 사실은 우리가 그 고귀한 자유의 기회를 흉악한 짐승의 기회로 변질시킬 수 있다는 사실이다.

이것은 마치 S그룹 같은 굴지의 대기업을 상속받기 위해 훈련을 받는 사람이 서울역에서 추위에 떨며 뒹굴다 냄새 나는 지하통로에서 새우잠을 자며 구걸하는 노숙자처럼 사는 것과 같다.

이 열다섯 가지 목록을 요약하는 여러 가지 방법이 있는데, 그 중의 하나는 그 처음과 끝을 연결하는 것이다. 첫 항목인 음란과 맨 마지막 항목인 방탕함을 연결해보자. 이것은 당시 이방인의 성전에서 일어났던 이방인이 교제하는 방법이었다. 음란한 값싼 섹스를 통해 복을 받기를 원하고, 사는 지혜와 행복을 바라고, 그저 시시덕거리는 찰나를 즐기는 사람들의 모임 속에 고귀한 자신의 인생을 파는 것을 그대로 방치하는 것이다. 거기엔 어떤 책임감도 발견되지 않는다.

이것을 우리 십대들의 현장으로 가져와 현대화해 보자. 철수는 인터넷을 켰다. 경계심 없이 인터넷에 올라온 음란한 영상과 사진을 본다. 자극을 받는다. 그리고 몽롱한 정신으로 집중력을 잃는다. 날마다 몰래 보는 게 습관이 되었다. 자꾸 떠오른다. 책을 보거나 공부를 하는 데 집중할 수가 없다.

영희는 인터넷을 켰다. 쇼핑몰은 환상적이다. 이곳저곳을 다니며 한참을 보았다. 군침을 흘린다. 그런데 그만 하루라도 인터넷 쇼핑몰을 보지 않으면 불안하다. 영희는 문득 생각한다. 나는 왜 이러는 걸까.

만수는 지금 온라인으로 게임에 몰입하고 있다. 지금 적진에 홀로 있다. 위기다. 살아남아야 한다. 수없는 적의 총알이 빗발치고 있다. 살아남아야 한다. 무기를 사야 한다. 소액 결재를 해야 했다. 만수는 돈이 없다. 그래서 엄마 몰래 돈을 잠시 빌렸다. 정말 곧 돌려드릴 마음이었다. 그러나 그 다음 날도 만수는 적진 한가운데 있었다. 상황은 더 심각하다. 강력한 신무기가 필요하다. 역시 엄마의 돈을 몰래 빌렸다. 훔쳤다고 말하지 마라. 언젠가 갚을 거라고 마음으로 다짐, 또 다짐했기 때문이다. 마음이 말한다.

"엄마, 내가 이 인터넷 게임에서 살아남아서 효도할

게요."

왜 이러는 걸까. 왜 만수는 날마다 적진 한가운데 있게 되는 것일까. 무기를 사지 않으면 정말 죽나? 아니다. 무기를 사다 걸리면 엄마한테 진짜 죽을 수 있다. 그러나 정말 심각한 문제는 그게 습관이 되어 거의 인격이 된다는 것이다.

현실과 온라인 세계를 구별하지 못할 만큼 게임 중독에 빠지는 사람들이 늘고 있다. 거기에는 진정한 공동체가 없다. 그곳은 폭풍성장을 해야 하는 시기에 그 성장을 위해 하나님께서 주신 자유가 낭비되는 예비지옥 같은 곳이다.

이런 목적 없는 습관과 태도는 어떤 성장도 만들지 못한다. 철수와 영희 그리고 우리의 만수에게서 책임감을 발견할 수 있는가.

가장 무서운 일이 이것이다. 끊임없이 자유를 팔아 죄를 사 모은 결과로 이루어진 습관의 문제. 어떻게 해결할 것인가. 이것이 바꿀 수 없는, 불가능해 보이는 생활태도가 되었다면? 그러나 아직 포기하면 안 된다. 왜? 하나님께서 포기하지 않으셨기 때문이다.

물론 이런 죄의 습관이 누적된 사람을 하나님은 그냥

위로하시지 않는다. 더 이상 스스로 어찌할 수 없는 죄에서 빠져나오기를 간절히 원하고, 절박하게 악한 습관을 끊기를 기도하는 사람을 하나님은 외면하지 않으신다. 그래서 묵묵히, 조용히, 그 사람도 알 수 없는 시간에 성령은 말할 수 없는 탄식으로 기도하고 계시다.

> "이와 같이 성령도 우리의 연약함을 도우시나니 우리는 마땅히 기도할 바를 알지 못하나 오직 성령이 말할 수 없는 탄식으로 우리를 위하여 친히 간구하시느니라"(롬 8 : 26)

그리고 하나님이 그리스도 안에서 이미 오래 전에 마련하신 기회를 다시 찾아서 눈을 뜨고 새롭게 살아가도록 끊임없이 은혜의 기회를 주신다.

열매 맺을 준비-
태도를 득템하라

은혜의 기회에 대한 우리의 응답은 하나님의 방법대로 사는 것이다. 그런데 기억할 것이 있다. 실천은 머리로 하는 게 아니다. 몸을 움직여야 한다. 거기에 마음까지 집중하는 것을 '행한다'라고 말한다.

하나님의 방법대로 사는 것은 성령을 따라 행하는 것이다. 다시 말하지만 성령은 우리의 생각보다 가까이 계신다. 아예 우리와 함께 사신다. 우리가 느끼지 못하는 것은 때로 우리가 무감각하고, 때로는 우리의 실수에 침묵하시면서 우리를 조용히 기다리시기 때문이다.

바울은 갈라디아교회에 편지를 쓰면서 중요한 사실 하나를 알려주었다. 예수를 믿고 구원을 얻은 사람들도 헤맬 수 있다는 것이다. 타락한 본성에 사로잡혔던 육체와 우리 안에 내주하시는 성령 사이에서 우리는 엄청난 갈등과 충돌 한가운데 있다고 하셨다. 왕 멘토이신 바울이 몸소 느끼신 괴로움이다. 그것은 자신도 죄의 본성이 생산해내는 죄의 공장이라는 사실을 알고 나온 충격이다.

그러나 바울은 '우리는 무서운 죄에 맞짱 뜰 힘도 없고 다 죽었다!'라고 절망하지 않았다. 바울이 절망하지 않은 이유는 자기 힘이 세기 때문이 아니다. 이런 무서운 마음의 싸움을 이미 그리스도가 승리로 끝장을 내셨기 때문이다. 그러나 이 승리가 우리의 것이 되려면 우리의 태도가 준비되어야 한다.

그 태도의 중요한 그림이 여기 있다. 성령의 열매에 대한 그림이다. 우리의 왕 멘토 바울은 우리를 갑자기 과수원으로 안내한다. 과수원에 가본 적이 있는가? 사과 과수원에는 당연히 사과가 주렁주렁 열려 있다. 포도 과수원에는 포도가, 배 과수원에는 배가 열려 있다. 물론 농부가 수고한 결과다. 이것은 비유다. 성령의 열매를 맺으시는 농부는 하나님이시다. 나무가 할 일은 무엇인가? 우선 농부의 돌봄을 받는 것이다. 그리고 뿌리를 그 땅에 내리는 것. 양분을 빨아 올리는 것. 그러면 열매가 맺는다! 성령을 따라 살면 성령의 열매가 맺는다.

사도 요한은 그가 기록한 요한복음에서 이 과수원의

비유를 포도나무의 비유로 더 자세히 그려주고 있다. 요
15:1-8을 자세히 주의하여 읽으라.

> [1-3] 나는 참 포도나무요 내 아버지는 농부이시다. 내
게 붙어 있으면서 열매를 맺지 않은 가지는 아버지께
서 다 쳐내시고, 열매를 맺는 가지는 잘 손질해서 더 많
은 열매를 맺게 하신다. 너희는 내가 전한 메시지로 이
미 잘 손질되었다.

> [4] 내 안에 살아라. 내가 너희 안에 살듯이, 너희도 내
안에 살아라. 가지가 홀로 열매를 맺을 수 없고 나무에
붙어 있어야 열매를 맺을 수 있듯이, 너희도 내게 붙어
있지 않으면 열매를 맺을 수 없다.

> [5-8] 나는 포도나무요 너희는 가지다. 너희가 내게 붙
어 있고 내가 너희에게 붙어 있어서 친밀하고 유기적
인 관계를 이루면, 틀림없이 풍성한 수확을 거둘 것이
다. 그러나 내게서 떨어져 있으면, 너희는 아무 열매
도 맺을 수 없다. 누구든지 내게서 떨어져 있는 사람은
말라 죽은 가지일 뿐이다. 사람들이 그 가지를 모아다
가 모닥불에 던져 버린다. 그러나 너희가 내 안에 편히
머물고 내 말이 너희 안에 머물면, 너희가 구하는 것은
무엇이든 응답받고 이루어질 것을 확신해도 좋다. 이

처럼 너희가 열매를 맺고 내 제자로 성숙해갈 때, 내
아버지께서 자신의 모습을 드러내 보이신다."

(요 15:1-8, 메시지 성경)

옛날부터 왕 멘토님들이 말씀하신 바, 성경은 성경으
로 해석하는 법. 요한복음 15장은 갈라디아서 5장의 중요
한 참고서다. 질문을 던져보자.

왜 사람들은 사랑 없이 되풀이되는 값싼 섹스, 악취를
풍기며 쌓이는 정신과 감정의 쓰레기, 과도하게 집착하지
만 기쁨이 없는 잠깐의 행복을 주는 인터넷과 TV 등의 영
상물에 집착하는가? 왜 껍데기 우상들, 점을 치는 일에 빠
지나? 사람들은 왜 편집증적인 외로움에 시달리고 불면
증에 약을 먹어야 하며 살벌한 경쟁, 모든 것을 집어 삼키
지만 결코 만족할 줄 모르는 욕망, 그리고 잔인한 기질을
그대로 간직한 채, 사랑할 줄도 모르고 사랑 받을 줄도 모
르는 무력감에 빠져 사는가? 도대체 왜 찢겨진 가정과 찢
어진 삶에 신음하나? 편협한 마음과 왜곡된 것에 대한 추
구, 모든 이를 경쟁자로 여기는 악한 습관을 방치하고 통
제되지도 않고 통제할 수도 없는 중독인 게임, 술, 마약,
이성에 맹목적으로 빠지는가?

요한복음 15장에 기록된 포도나무의 비유는 야멸차

게 진단하고 설명한다. 둘 중 하나다. 붙어 있으면서 열매를 맺지 않는 가지이거나, 나무에 붙어 있지 않는 가지이거나.

하나씩 살펴보자. 첫째로, 어떻게 나무에 붙어 있으면서도 가지가 열매를 맺지 못할 수 있을까. 이때 떠올려야 한다. 이것은 비유다. 그 가지는 나무로부터 생명을 공급받지만 열매에는 관심이 없다. 양분만 먹고 있는 옛 가지다. 그래서 다른 가지가 열매를 맺는 데 도움을 주지 못한다. 실제로는 죽은 가지다. 이 옛 가지를 가지 치기 하지 않으면 포도농사는 망한다. 그래서 농부는 그 가지를 쳐내는 것이다.

두 번째의 경우는 나무에 붙어 있는 것처럼 보이지만 사실은 이미 떨어져 나간 가지인 것이다. 영양을 공급받을 수 없으니 열매를 맺는 것은 오래 전에 불가능한 일이 되어 버린 것이다.

이제 왜 태도를 득템해야 하는지 설명해야겠다. 포도나무의 비유에서 전하는 메시지가 있다. 가지는 반드시 '가지의 목적에 맞는 태도'를 득템해야 한다. 그래야 열매를 풍성히 맺을 수 있기 때문이다.

가지가 득템해야 할 목적에 맞는 태도는 '포도나무에 붙어 있기다.

여기 두 가지 조건이 있다. 두 조건이 만족되어야 가지는 포도열매를 맺기 시작한다.

조건1. 포도나무가 누구인지를 알아야 한다

분명 이것은 비유라는 걸 기억하라. 포도나무는 예수님이시다(요 15:5). 포도나무이신 예수님은 우리를 구원하셨다. 이것은 우주의 가장 큰 신비이고 감사할 일이다. 그리고 아예 예수를 믿는 우리 안에서 사신다(요 15:4). 우리는 홀로 있어도 혼자가 아니다. 주님이 함께 계시기 때문이다. 그래서 포도나무를 알면, 가지는 더 이상 외로워하지 않는다. 편집중적인 외로움에서 벗어나 어머니 품에 안긴 아기처럼 깊은 잠을 잘 수 있다. 예수님을 알면 믿음의 수면제를 얻는다. 예수님을 알면 사랑할 줄 모르고, 사랑받을 줄도 몰랐던 무력감에서 벗어난다. 그러므로 포도나무이신 예수님이 누구신지 안다는 것은 이토록 중요한 일이다.

조건2. 가지인 자신이 누구인지를 알아야 한다

이 비유에서 보듯, 가지는 가지 스스로 아무 힘이 없다. 가지는 농부가 아니다. 큰 농사 일을 판단할 지혜가 없다.

가지는 뿌리가 아니다. 그래서 나무를 세울 수 없다.

가지는 나무가 아니다. 스스로 공급받을 수 없다. 가지가 아름다울 때는 포도나무에 붙어 있을 때 뿐이다.

가지는 마치 에버랜드에 아빠의 손을 잡고 놀러 간 아이와 같다. 아이는 신나게 놀이기구를 탈 수 있다. 말 그대로 행복한 날이다. 그런데 아빠가 자꾸 이건 안 된다, 저건 안 된다, 간섭을 하신다. 아이가 갑자기 귀찮아져서 아빠의 손을 뿌리치고 달리기 시작했다. 그리고 자기가 놀고 싶은 놀이기구를 타고 놀았다. 정신없이 놀다 보니 아빠를 잃어버렸다. 이런 상황을 뭐라 하나? '행복 끝 불행 시작'이라고 한다.

아빠의 손을 놓친 순간, 아이에게 '에버랜드'는 '에버지옥'으로 변한다. 아이는 아빠 없이 아무 것도 할 수 없다. 이것이 요한복음 15장에 기록된 말씀의 핵심이다.

가지로 비유된 우리는 예수님을 떠나서는 아무 것도 할 수 없다(요 15:5). 이것은 위기이자 희망이다. 위기는 가지가 스스로 누구인지를 몰랐을 때 습격해온다. 아빠의 손을 뿌리친 아이처럼. 그런데 가지가 누구인지를 분명하게 알게 되었을 때, 위기는 희망이 된다. 아빠를 찾으면 된다. 가지는 나무에 붙어 있으면 된다. 공급받지 않으면 죽기 때문이다.

이 두 가지 조건이 충족되었다면, 가지는 태도를 소

유하게 된다. 가지는 포도나무에 계속해서 붙어 있으면 그 책임을 다하는 것이다. 우리는 예수 그리스도께 속해 있다. 확실히 해두자. 속해 있지 않다면 죽는 것이다. 그런데 기억하라. '포도나무에 붙어 있기'는 그냥 이루어지는 게 아니다.

야코프 스미르노프(Yakov Smirnoff)라는 코미디언이 있었다. 그가 러시아에서 처음 미국으로 갔을 때 겪은 일화가 전해진다. 스미르노프는 미국 슈퍼마켓에서 그렇게 다양한 인스턴트 식품을 구입할 수 있을지 미처 예상하지 못했다고 했다.

"물건을 구입하러 처음 슈퍼에 갔습니다. '파우더 우유'라는 게 있더군요. 물만 타면 마시는 우유가 된다고 적혀 있었어요. 그 다음에 보니까 '파우더 오렌지 주스'가 있더군요. 조금 더 살펴보니 놀라운 게 있었습니다. '베이비 파우더' 야, 굉장한 나라구나! 저절로 그런 생각이 들었습니다."

이런 우스운 일이 신앙생활에도 생긴다. 예수를 믿는 순간, 죄를 이길 힘이 바로 생긴다는 착각이다. 이 생각대로라면, 예수를 믿는 순간 그동안 가지고 있던 습관과 성품이 기적처럼 바뀐다는 것이다. 가루에 물만 타면 아기까지 만들 수 있다는 우스운 이야기를 우리가 기대하고 있는 것이다. 이것은 즉석의 신화가 주는 저주스런 착각이다. 신앙의 성장에는 천재가 없다.

신앙은 팝콘처럼 부풀지 않는다. 나무처럼 자란다. 은혜의 햇빛 아래에서 '천천히 그러나 멈추지 않고 끊임없이' 자라간다.

구원은 하나님이 주셨으나(이것을 좀 어려운 말로 칭의 justification라고 부른다), 구원을 이루어가기 위한 노력(이것을 좀 어려운 말로 성화sanctification라고 부른다)은 우리의 몫이다. 이것은 마치 사람의 태어남과 성장과 같다. 아기는 부모에 의해서 태어난다. 아기는 분명 사람이다. 그러나 아기가 진정 사람답게 자라기 위해서는 피나는 성장의 노력을 해야 한다. 엄마 젖 빨기(한 번 젖을 먹기 위해 사력을 다해 집중하는 아이의 모습은 경이롭기까지 하다), 말하기 위한 옹알이, 서기 위한 등밀이, 윗몸 일으키기, 뒤집기, 배밀이, 앉기, 팔 굽혀 펴기, 네 발 기어가기, 벽 잡고 일어서기, 넘어지기, 걷기, 뛰기, 다른 사람을 구별하기 위해 도리도리하기, 소근육 발달을 위해 잼잼하기, 오감훈련을 위해 이것저것 입에 넣고 빨기, 다른 사람의 친절함에 반응하기 위해 과도하게 웃기, 배변하기, 규칙적으로 자고 깨기, 문자 해독하기, 할 일과 하지 않아야 할 일 구별하기, 위험한 것과 안전한 것 구별하기, 엄마와 떨어지기, 책 읽기, 생각하기 등등……

유아시절만해도 다 늘어놓기 어려울 정도로 많은 훈련을 거쳐 사람으로 자라간다. 누구도 예외 없이 이런 훈련을 통해 자아가 성장했고, 일정한 사회화 과정을 거쳤다. 다시 말해서, 아기는 사람으로 태어나지만 훈련을 통해 사람됨으로 성장하는 것이다.

내가 신학대학원에 다니던 어느 날이었다. 홍정길 목사님께서 학교를 방문하신 적이 있었다. 채플 설교를 하셨다. 그때 하신 말씀이 두고두고 기억에 남았다. 홍목사님은 이렇게 질문하셨다.

"전도사님들, 신학교에 오니까 나가면 세상을 다 바꿀 것 같지요? 뜻대로 다 될 것 같지요? 그런데 꼭 기억할 것이 있습니다. 생각만으로는 바뀌지 않습니다. 생각만으로 세계를 바꾸는 사람들이 많이 모인 곳이 있습니다. 교도소입니다. 생각만 좋지, 실천을 반대로 했던 사람들이지요."

이 말씀은 많은 생각을 하게 했다. 정말 그분의 말씀이 맞았다. 생각으로는 세상을 다 바꿀 수 있을 것 같았다. 그러나 가만히 생각해보니, 그저 좋은 생각은 공상에 불과했다. 잠깐 스치는 생각은 아무 힘이 없었다. 생각만으로 누군가는 벌써 재벌이 되어 있고, 자가용을 30대 소유하고 매일 바꿔 탈 수도 있다. 누군가는 돈이 없어 병원에 가지 못했던 어머니 얘기를 들으면서 벌써 의사가 되어 있거나, 세상에 가난한 사람에게 다 의료혜택을 주는 정치인이 되어 있을 수 있다. 누군가의 생각으로는 아이스크림과 햄버거를 쉬지 않고 먹으면서도 벌써 50kg을 다이어트했을 수 있다. 상상으로는 이미 몸짱이 될 수 있다. 체중이 많이 나간다고 자신을 놀리고 왕따를 시키는 사람들 앞에서 보란 듯이 50kg을 다이어트한 몸짱의 몸을 드러낼 수 있다. 몸에 번쩍번쩍 오일을 바르고 광채나는 식스팩 복근을 자랑하면서 말이다. 그리고 이렇게 자랑할지 모르겠다.

"나 요즘 자꾸 사람들 앞에서 윗옷을 벗어. 무대에서 레이니즘을 노래하는 가수 비처럼."

그러나 참 쓸쓸하지 않은가. 이런 것은 현실에서 절대로 일어나지 않는다. 실천하지 않는다면.

현실은 혼자 외로워하고, 인터넷의 바다를 헤매다가 익사 직전에 있을지 모른다. 게임에서 오늘도 누구도 강요하지 않은 적진 한가운데서 무기를 득템하느라, '포도나무에 붙어있기'라는 태도를 득템하는 것을 놓치고 있는지 모른다. 생각은 왕 멘토 바울과 사도 요한의 말을 따라 '포도나무에 붙어 있기'를 하려 하는데, 몸은 비디오방과 거리를 배회하고 있는 것을 발견할 수 있다. 이것은 하나님의 방법대로 사는 게 아니다. 다시 일어나야 한다.

우리가 무서운 죄에 맞짱 뜨지 않았어도 이미 그리스도가 승리로 죄를 이겼다고 했다. 하지만 이 승리가 우리의 것이 되기 위해 준비해야 할 태도인 '붙어 있기'가 하나님의 방법대로 사는 것. 즉 성령을 따라 행하는 것으로 나타나야 한다. 실천은 생각이나 말로 하는 게 아니다. 그것은 몸으로 하는 것이다. 아기가 성장하기 위한 훈련과 실천을 반복하듯 훈련해야 한다.

그러나 여기서 하나만 더 기억해두자. 훈련은 노력이 아니다. 노력은 육체를 이길 수 없다. 영적인 성장을 이룰 수 없다. 예를 들어 187kg을 들어올려 세계 신기록을 보유한 역도의 장미란 선수를 보고 나도 100kg을 들어보려고 노력할 수는 있다. 그러나 노력한다고 다 들 수 있는 게 아니다. 훈련을 받아야 비로소 들 수 있다.

한국여성 최초로 세계적인 골프대회인 LPGA에서 우승한 박세리 선수를 보고 골프 우승을 꿈꿀 수 있다. 그래서 열심히 골프장에 나갈 수는 있다. 그러나 노력만으로는 안된다. 훈련이 필요하다.

피겨의 여왕 김연아를 보고 세계가 감탄했다. 그런 점프력을 가진 피겨 선수가 되려면 훈련이 필요하다. 그것도 평범한 훈련이 아닌 김연아가 했던 방식의 훈련이 필요하다.

'붙어 있기'의 핵심은 예수님을 닮아가는 것이다. 예수님을 닮으려는 것은 노력으로 이루어지는 게 아니다. 훈련이 필요하다. 예수님이 사셨던 것처럼 살기 위해서는 예수님이 행하셨던 일을 해야 한다. 그래서 예수님은 눅 6 : 40에서 이렇게 말씀하셨다.

> "제자가 그 선생보다 높지 못하나 무릇 온전하게 된
> 자는 그 선생과 같으리라"

우리의 왕 멘토 바울 사도께서도 디모데에게 말씀하셨다.

> "신앙을 가장한 어리석은 이야기를 멀리하십시오.
> 하나님 안에서 날마다 훈련하십시오. 영적 무기력은
> 절대 금물입니다! 체육관에서 몸을 단련하는 것도 유
> 익하지만, 하나님 안에서 훈련받는 삶은 훨씬 유익합
> 니다."(딤전 4:7)

영적인 훈련을 도전하기로 유명한 달라스 윌라드 교수

는 그의 책 '하나님의 모략'에서 이렇게 말한다.

"예수의 제자가 되지 않으면서도, 성경의 위대한 약
속들이 마치 자기 것인 것처럼 읽고 받아들이는 사람
은 다른 사람의 은행계좌에 연결된 수표를 사용하려
고 하는 것과 같다."

다시 말한다. '붙어 있기'는 훈련의 산물이다. 그리고
이 훈련으로 승리를 이루려면, 예수님의 말씀과 보이신 모
범을 따라 태도를 유지하고 생활해야 한다. '붙어 있기'를
계속한다면 승리는 이미 확보한 것이다. 우리가 그리스
도께 속해 있다면, 즉 '붙어 있기'가 계속 일어난다면, 우
리는 육체와 함께 그 정욕과 탐심을 십자가에 못 박아야
한다(갈 5:24). 철저하게 정욕과 탐심을 거부하는 삶을 사
는 힘이 생겨야 한다.

지독하게 '붙어 있기', 즉 '훈련된 붙어 있기'를 계속해
서 해낸다면 그때 육체가 성령께 굴복하게 된다. 우리의
성품 속에 성령의 열매가 익어갈 것이다. 벌써 향기가 나
는 듯하다. 여러분의 인격이 성령의 열매로 익어가는 냄
새. 상상만으로도 가슴이 뛴다. 여러분은 해낼 수 있다. 젊
음을 그리스도의 것으로 드리라. 건투를 빈다.

이제 새로운 습관을 만들 차례다. 성령의 열매는 새로운 습관으로 사는 복된 사람, 성공한 신자의 모습이다. 새로운 습관은 하나님이 이미 우리에게 주신 승리의 선물을 받게 하는 통로다. 새로운 습관은 성령을 따라 행하는 태도를 통해 형성된다. '포도나무에 붙어 있기'는 한번의 실천이 아니라, 지속적으로 나무에 붙어 있고자 하는 의지의 방향이다. 다시 말하자면, 이 습관이 아니면 '나는 아무 것도 할 수 없다. 아무 열매도 맺을 수 없다'는 절박함과 절실함에서 오는 계속된 결심에서 만들어지는 실천이다. 아기가 부모를 통해 사람으로 태어나지만 동시에 사람답게 자라기 위해 쉬지 않고 자신을 단련한다고 했다. 그런 열망이 있는가. 그렇다면 새로운 습관은 어느덧 그대의 인생 속에 깃들 것이다.

새로운 습관을 만드는 길을 가는 우리가 참고할 연구가 있다. 이 연구는 시골의사 박경철씨가 쓴 『자기혁명』(2011)이라는 책에서 소개한 것이다. 소위 '만 시간의 법칙'이라는 게 있다. 다니엘 레비틴(Daniel Levitin) 박사가 제시한 이론인데, 레비틴 박사는 베를린 뮤직아카데미의 학생들을 대상으로 실험을 해서 8,000시간을 연습한 학생과 1만 시간을 연습한 학생의 실력 차가 크다는 연구결과를 BBC 과학매거진을 통해 발표했다. 핵심은 최소 1만 시간은 연습을 해야 뇌가 거기에 적응하고 한계를 넘어서게 된다는 것이다. 가만 계산해보자. 1만 시간이면 416일이 좀 넘은 시간이다. 1년하고도 한 달 21일 동안 연습하면 뛰어난 성과를 내게 된다는 것이다.

박경철 씨는 여기에다 하나 더 생각했다. 우리가 잘 아는 모 방송사의 프로그램 〈생활의 달인〉이다. 우리도 이 프로그램을 보고 입이 딱 벌어진 일이 있지 않은가. 어떤 사람은 두 손으로 들기도 힘겨운 타이어를 높은 곳으로 던져 정확히 제 위치에 놓는가 하면, 또 어떤 사람은 봉투를 접는 속도가 거의 초음속이다. 이 사람들은 오랜 시간 이 작업에 종사했다는 공통점이 있다. 실제 많은 사람이 10년 이상 같은 일을 해왔다. 박경철 씨는 이 지점에서 '만 시간의 법칙'을 떠올렸다. 생활의 달인은 자신이 잘할 수 있는 분야에서 꽃봉오리가 터지는 순간에 이르기 위해서는 〈'재능＋노력'이라는 함수〉가 작용해야 한다는 점을 알기 쉽게 드러내준다고 했다.

공부든 일이든 인간이 하는 일에 꽃봉오리가 터지는 순간이 있다. 다만 거기에 도달하려면 재능과 노력이 결합되어야 한다고 본 것이다.

거룩한 십대의 새로운 인격에는 〈'은혜＋훈련'이라는 함수〉가 작용한다.

공부와 일에 있어서 하나님은 분명 각 사람에게 각기 다른 재능을 주셨다. 여기에는 노력이 필요하고, 노력보다 재능을 잘 발견하는 일이 필요하다. 그러나 예수 그리스도를 아는 신자로서 인격을 빚어가는 데는 누구도 예외가 없다. 왜냐하면 그리스도를 닮아 고귀한 태도를 지니고 살도록 이미 은혜로 준비해 놓으셨기 때문이다. 하나님은 신자에게 아무리 노력해도 이룰 수 없는 일을 이미 이루어 놓으셨다. 육체와의 내적인 싸움에서 승리하셨다. 우리는 예수 그리스도께 붙어 있기가 필요하다. 지속적으로. 그런 의미에서 이런 공식이 가능해진다.

예수 닮기=구원 알기+지속적으로 예수께 붙어 있기.

'지속적으로'라는 속성 때문에 성령으로 행하는 신자에게도 '만 시간의 법칙'은 유효하다. 새로운 습관이 새로운 인격으로 자리잡기까지 '만 시간'을 집중하라. 지속적으로.

바울은 성령의 열매 아홉 가지를 소개하고 있다. 갈 5:22-23이다.

"오직 성령의 열매는 사랑과 희락과 화평과 오래 참음과 자비와 양선과 충성과 온유와 절제니 이같은 것을 금지할 법이 없느니라"

이 아홉 가지 성령의 열매는 다른 이들과의 관계 속에서 신자가 보여야 할 인격의 풍모를 나타낸다. 관계 속에서 인격이 드러나려면 자신의 마음도 예수님께 늘 붙어 있어야 한다. 지속적인 공급을 위해서. 지속적으로 사랑이 공급되지 않는데 사랑을 나눌 수는 없다. 전기가 공급되지 않으면, 전등을 켤 수 없는 것과 같은 이치다.

바울은 갈라디아 사람들이 마음에 쓰였다. 기도했다. 사람들과의 관계에서 실수가 많았기 때문이다. 실수들은 단번에 끝나지 않았다. 지속적인 악한 습관이 되어 자신과 친구들을 무너뜨리는 죄로 드러나기 일쑤였다. 서로 물어뜯고 할퀴는 일을 서슴지 않았다. 자신만 잘났다는 이기심이 다른 이를 깔보게 되었다. 이것은 사소한 일이 아니었다. 그러다 파멸할 수 있기 때문이다(갈 5:14).

파멸을 막는 길은 다시 자기 마음대로 살려는 육체의 욕망이 지배하는 옛 방식의 삶을 버리고 새로운 생활방식을 선택하는 것이다. 예수께 붙어 있기 방식으로 사는 것이다. 이제 새로운 생활방식을 누리는 사람들의 모습을 살펴보자.

2부

———————

행하라
do it!

"십대의 때는 무책임하게 살아도 되는 기간이 아니다.
책임질 줄 아는 차세대 지도자를 위한 훈련의 때다."

– 알렉스 & 브레트 해리스 형제

(미국 대법원 최연소 인턴. 수많은 십대와 부모를 위한
'레벨루션 컨퍼런스'의 창립자.
십대 시절 십대들을 위한 사역을 시작한 24살의 청년들)

인내는 말씀 위에 서서
하나님의 뜻을 성취하는 기다림이다

'인내'는 신자를 신자답게 살지 못하도록 억압하거나 핍박하는 자들에 대해 참는 것이다. 그러나 성경은 인내를 견딜 수 없는 상황에 어쩔 수 없이 참는 것으로 묘사하지 않는다. 인내는 하나님의 뜻을 성취하기 위한 기다림[2]이다.

그런데 기다릴 수 있는 능력도 이미 주셨다. 인내를 기르기 위해서 우리가 받은 구원이 무엇을 가능케 했는지 먼저 알아야 한다. 롬 5:1-5을 보자.

"우리는 믿음을 근거로 '의롭다'는 선고를 받았으므로, 우리 주 메시아 예수를 통해서 하나님과 평화를 누립니다. 그를 통하여 우리는 믿음으로 지금 서 있는 이 은혜에 들어갈 허락을 얻었으며, 하나님의 영광을 소망하며 기뻐합니다.

그뿐 아닙니다. 우리가 고난 중에도 기뻐하는 것은 고난은 인내를 낳고, 인내는 잘 단련된 성품을 낳고, 그런 성품은 소망을 낳는 줄 알기 때문입니다. 그리고 소망이 우리를 부끄럽게 하지 않는 것은, 우리에게 주신 성령을 통하여 하나님의 사랑이 우리 마음속에 부어졌기 때문입니다."

구원을 입은 사람들이 하나님과 어떤 관계에 있을까. 바울은 확신 있게 말한다.

"우리는 의롭다고 선고를 받았으므로…… 누립니다"[13] 대체 무엇을 누린다는 말인가?

마음속의 따스한 불빛?

죄를 용서받았다는 안도의 한숨?

하나님의 백성에 속하는 것이 무엇인지에 대한 새로운 이해?

그렇다! 이 모든 것을 누린다는 말이다. 하지만 이 모든 것의 중심에서 우리는 하나님과의 평화를 누린다! 하나님과의 평화. 이것은 창조주 하나님이 신자 한 사람 한 사람과 서로 사랑하신다는 말이다.

뭐라? 한 사람 한 사람과 가족처럼 만나신다고?

물론 많은 사람들이 보기에 얼마나 이것이 어이없는 일인가. 성경의 하나님을 좁은 그대의 생각으로 축소시키지 마라. 성경의 하나님은 훨씬 더 신비로운 분이시다. 하나님과 평화를 누리게 되었을 때, 하나님은 우리에게 손을 내미신다. 거기엔 하나님의 사랑과 소원이 담겨 있다. 그것은 하나님 나라를 위한 사역에 우리가 참여하기를 원하신다는 초청장이다. 하나님 나라의 일에 우리가 초청되었다는 것은 하나님의 일하심에 함께하는 벅찬 특권과 즐거움으로의 초청이다. 그러나 동시에 복음 때문에 감수해야 될 온갖 문제와 고난의 자리로 초청되는 것이다.[14]

때로 하나님이 계신지 느끼지 못할 때도 있다. 내가 이 부분을 쓰고 있을 때, 샘물고등학교에 진학하는 여학생 려원(가명)이가 이런 질문을 했다.

"저는 예수님이 친밀하게 느껴져요. 그러다가 어, 나 혼자 착각하나? 내가 잘못 생각하는 것은 아닐까? 친밀하다고 느껴지지 않을 때는 문득 그런 생각이 들어요. 제가 이렇게 느끼는 게 맞나요?"

려원이는 계속 '느낌'이라는 단어를 썼다. 우리의 '느낌,

감정'은 우리를 속인다. 하나님께 가까이 있다는 감정은 참 현실 속에서 일어나는 일을 알려주지 못한다. '감정'은 하나님의 임재를 아는 바른 기준이 아니다. '느낌'은 반드시 약속 있는 말씀의 기초 위에 서야 한다.

롬 5:1-2에 보면, 바울은 기뻐하고 있다. 기쁨의 근거는 '느낌'이 아니다. 하나님의 임재에 들어갈 권리를 얻었기 때문이다. 그것은 생생한 약속이다. '들어갈 권리'[15]는 성전과 관련된 단어다. 성전에 들어갈 수 있는 자격증이 발급된 사람만이 하나님이 계신 곳 가까이에 나아갈 수 있었다.

믿음으로 의롭다 하심을 얻은 후, 우리가 있는 곳이 달라졌다. 우리는 '은혜 한가운데' 있다. 은혜는 '하나님이 우리보다 먼저 하신 일'이라는 의미를 담고 있다. 우리가 만들 수 없는 사랑과 관대하심으로 우리를 먼저 사랑하시고 구원하신 것이 은혜다.

그래서 은혜는 우리의 어떤 행위보다 앞선다. 먼저 와 있는 것. 그래서 우리가 믿기지 않을 만큼 놀라운 생명을 누리게 된 것, 그것이 은혜다. 우리가 칭의를 얻은 후, 우리가 이주하게 된 곳이 그곳이다. '그리스도 예수 안' 우리가 선 그곳은 상상할 수도 없이 판타스틱한 곳이다. 그래서 이 은혜로 인한 구원에 대해 종교개혁자 마틴 루터는 이렇게 말했다.

> "구원이란 그리스도 예수 안에 들어가 길을 잃는 것
> 이다."

예수를 믿는다는 것은 의미 있는 인생의 길을 찾는 것
이라고 흔히 표현한다. 하지만 마틴 루터에게는 이 표현은
부족한 표현이다. 왜? '예수 안'이라는 영역이 너무나 신비
하고, 황홀하고, 광대하기 때문이다. 그래서 예수에 빠져
길을 잃을 만큼 아름다움에 매료된다는 것이다.

너무나 눈부신 아름다운 생활이 '은혜에 들어갈 허
락'을 받으면서 시작된다. 마치 추운 겨울 눈 내린 밤, 오
랫동안 집을 잃고 헤매던 아이가 따뜻한 집을 찾고 엄마
품에 안긴 것처럼, 깊은 불안은 감사로 바뀐다. 하나님의
임재 안에서 능력과 선하심과 지혜와 기쁨을 누릴 때, 우
리는 하나님의 형상을 품은 자가 되는 길을 걸으라는 초
대를 받고 있음을 알게 된다.

우리는 하나님의 형상으로 사는 존재로 지음 받았다.
그래서 '하나님의 영광을 소망하며 기뻐하게 되었다.' 이
것은 우상숭배와 죄로 말미암아 잃어버린 영광이다(롬
3:23). 우리가 마침내 이 영광을 상속받을 때, 모든 피조물

이 타락에서 해방된다. 동시에 참된 자아에 이르는 자유를 얻게 된다(롬 8:21).

그리고 나서 우리의 왕 멘토 바울은 고난 중에도 기뻐한다고 말씀하신다.

인내는 예수님을 기뻐하는
긴 훈련이다

고난은 타락한 세상에서 하나님 나라 일에 참여하는 우리가 거쳐갈 수밖에 없는 길이다. 하지만 바울은 고난을 기뻐한다고 말하지 않는다. 고난을 기뻐할 사람이 누가 있나? 고난 자체는 힘겨운 일이다. 그러나 신자는 고난 중에도 기뻐한다. 이것은 고난을 기뻐하는 것과는 다르다. '고난 중에도 기뻐'하는 이유는 고난이 하나님의 목적에 집중하도록 하시는 은혜의 수단이기 때문이다. 하나님은 고난을 사용하셔서 인내를 기르게 하신다. 인내는 잘 단련된 성품이 된다. 인내는 쇠를 연마하듯 우리를 단련시킨다. 인내는 거룩한 십대가 지녀야 할 중요한 성품이다. 잘 단련된 성품인 인내가 중요한 이유가 있다. 인내가 소망을 가능케 하기 때문이다.

소망을 붙드는 인내의 능력이 왜 중요한가. 타락한 세상이 거룩한 십대가 되도록 그대들을 가만 두지 않기 때문이다. 세상은 그대들을 세상 아이들과 똑같은 욕망으로 살기를 권한다. 유혹한다. 설득한다. 그 세력은 실로 대단하다. 인터넷에서 필요한 정보를 구하려 할 때, 팝업 창으로 음란한 것을 보도록 불필요한 정보를 우리 마음에 뿌려 유혹하는 것은 작은 일이다. 세상은 참지 말라고 한다.

우리가 급할 때 하는 일이 있다. 네이버에 묻는 것이다. 내가 여러분을 대신해서 네이버 지식인에 물어보았다.

"하루 만에 마스터하는 수학의 비결이 있나요?"

답은 찾기 어려웠는데, 간절히 답을 구하는 중학교 3학년 학생의 애절한 사연을 볼 수 있었다.

"저 중3인데요. 수학을 하루 만에 마스터해야 돼요. 시험범위는 처음부터 인수분해까진데 어떻게 해야 할지 모르겠어요. 개념도 안 잡혀 있고 좋은 답변 나오면 감사 내공 보내 드릴게요"

지식인의 대답은 공개하지 않겠다. 질문자가 실망할 대답이었음은 물론이다. 지식인의 답변은 성실하다. 그러나 이런 마음을 상술로 이용하려는 사람들이 있다. 그들이 속삭인다. "하루 만에 마스터하는 수학! ○○수학이 해결해 드립니다." "영어 10분 완성!" "영어 일주일 완성

등등. 그러나 생각하라. 이렇게 쉬우면, 중국어, 영어, 수학, 과학 그리고 음악, 미술 등 각 분야의 천재 아닌 사람들이 없을 것이다.

세상은 즉각적으로 원하는 것을 얻을 수 있다고 한다. 그러나 즉각적으로 얻을 수 있는 것들 중에 인생을 하나님의 사람으로 세워가는 것들은 그리 많지 않다. 쉽게 말해서 세상이 유혹하는 것은 '인스턴트 라면'과 같다. 나도 라면을 좋아한다. 하지만 라면을 365일 아침 점심 저녁 매일 먹고 살아야 한다면? 질려서 다시는 보기도 싫을 것이다. 더군다나 건강은 보장받기 어렵다.

평소에는 자기 마음대로 놀다가 시험이 닥쳐서야 즉각적인 해결을 바라는 것은 훈련되지 못한 태도다. 이런 태도는 세상에 휩쓸려 내려간다.

인내가 가능케 하는 소망은 하나님이 장차 행하실 일에 대하여 늘 깨어 있게 한다. 소망을 붙드는 인내의 능력은 세상의 강물을 거슬러 오르게 한다. 인내는 거슬러 올라 헤엄치도록 하는 능력이다.

내가 좋아하는 가수 강산에가 부른 노래가 있다. 제목이 좀 길다. '거꾸로 강을 거슬러 오르는 저 힘찬 연어들처럼'. 이 노랫말에는 소망을 붙드는 인내가 자연 속에 숨어 있는 하나의 예를 알려준다.

왜 연어들이 흐르는 강물을 거꾸로 거슬러 오를까? 이 노래는 그 연어들의 무모함에 대한 관찰이 들어 있다. 연어의 도전은 그들만의 신비한 이유를 담고 있다. '흐르는 강물을 거꾸로 거슬러 오르는 연어들의 도무지 알 수 없는 그들만의 신비한 이유처럼'이라고 강산에는 노래하고 있다. 그런데 우리도 그렇다는 것이다.

오래전부터 걸어 온 길이 나 있다는 것이다. 그것은 숙명보다 깊은 것이다. 세상의 문화가 흘러가는 대로 자신을 편승하는 게 아니라 부르신 뜻, 그 신비한 이유가 있기에 세상문화를 거스르고, 세상 정신과 거꾸로 사는 일을 하는 것이다.

그대에게는 주님의 메시지가 메아리친다. 고난 중에 인내의 성품을 단련해서 세상을 거슬러 올라간다. 거슬러 올라가다 보면, 두려울 수 있다. 잘 가고 있는지 불안할 때도 있다. 그러나 일관성이라고는 없는 세계에서 목적을 향해 용기를 내어 걸으라. 걷다 보면 소망한 잃어버린 영광을 다시 찾는 날이 올 것이다. 인내는 고난 속에서 단련되어 소망을 일군다. 부르심에 걸맞게 훈련하라.

20세기 가장 뛰어난 피아니스트 중에 아르투르 루빈스타인이 있다. 그는 '80년 동안 전세계 청중 앞에서 태양

처럼 군림했다'는 평가를 받는 연주가다. 그의 레퍼토리
는 다양했다. 바흐, 베토벤, 슈베르트, 슈만, 리스트로부
터 현대에 이르기까지 자신의 스타일과 관점을 녹여냈다
는 평가를 받았다. 그의 연주에는 항상 열정, 유쾌함 그리
고 부드러움이라는 단어가 따라다녔다. 쉽게 말하면 감
동적이었다는 것이다.

그의 음악의 우월함은 획기적인 전달력 때문이었다.
그 전달력은 그의 완벽한 테크닉에서 오는데 그것은 다름
아닌 피나는 연습의 결과다. 시골의사 박경철 씨의 눈으로
보자면, 이것은 〈'재능+노력'이라는 함수〉의 작용이다. 루
빈스타인이 자신의 훈련에 대해 이렇게 말한 적이 있다.

"내가 하루를 연습하지 않으면 나 자신이 알고,

이틀을 연습하지 않으면 평론가들이 알고,

사흘을 연습하지 않으면 관객들이 안다."

세계적인 경제학자 피터 드러커는 그의 책 『자본주의
이후의 사회』에서 이렇게 말한 적이 있다.

"정말이지 피아노 건반을 두들기는 것보다 더 지루
한 일은 없다. 그러나 명성을 날리고 연주활동을 많이

하는 피아니스트일수록 더 열심히, 매일매일, 하루도 빠뜨리지 않고 연습하지 않으면 안 된다. 피아니스트들이 연주기술을 조금이라도 향상시키기 위해서는 여러 달 동안 같은 악보를 계속 연습해야 한다. 그러고 나서야 비로소 피아니스트들은 그들이 마음의 귀로 듣게 된 음악적 성과를 얻을 수 있다. 마찬가지로 외과의사가 수술에 필요한 기술을 조금이나마 개선하기 위해서는 여러 달 동안 봉합 수술을 연습해야 한다. 유능한 외과의사일수록 더 열심히 틈나는 대로 봉합수술을 연마해야 한다. 그것이 결국 그들의 수술시간을 단축시키고 또한 인간의 생명을 구하는 것이다."

몇 년 전 독일 슈투트가르트 발레단의 수석발레리나 '강수진의 발'이 인터넷에서 한창 화제가 된 적이 있었다. 무대 위에서 요정처럼 빛나는 프리마 발레리나와 전혀 어울리지 않는 대조. 강수진의 발톱엔 피멍이 들었다가 피떡이 되어 있었다. 발가락 관절들은 괴목처럼 이상한 모양으로 연결되어 있었다. 발만 보았다면 모두 징그럽다고 외면했을 그 두 발은 눈부신 자태로 공중에서 회전하는 발레리나 강수진의 연기와 대조되어 많은 이에게 감동을 주었다.

그의 발의 모습은 하루 열아홉 시간씩 지독하게 연습한 훈련의 문신 같은 것이었다. 고난을 인내한 시간이 거기 예술로 배어 있었다. 누구도 강수진의 발을 징그럽다고 하지 않는다. 고귀한 훈련의 정신이 흔적으로 남았기 때문이다. 다른 이들은 2~3주 동안 한 켤레 신는 발레 슈즈를 하루 4켤레씩 갈아 신으며 연습했다. 강수진은 보이지 않는 무대 아래 연습실에서 자신을 훈련하고 또 훈련했다. 훈련은 정직했다. 강수진의 지금의 성공과 박수 갈채가 거저 얻어진 게 아니다. 강수진은 자신의 세계 정상에 서 있다.

2002년 당시 만 열다섯의 나이로 로잔 국제발레 콩쿠르에서 입상을 한 발레계 샛별 강효정이 있다. 강효정은 2004년 공교롭게 강수진이 몸담고 있는 독일 슈투트가르트 발레단에 입단하게 되었다. 그런데 어느 날 강효정은 대선배 강수진에게 전화를 걸었다. 그리고 그냥 아무 말 없이 울었다. 그때 강수진은 강효정의 마음을 헤아렸다.

"기다리기 힘들지?"

발레공연에 캐스팅된다는 것은 그 소식을 듣기까지 무작정 기다림을 뜻한다.

"효정아, 그러나 기다리면 주인공이 된단다. 그냥 기다림이 아니라, 연습하고 또 연습하고 연습하면서 기다리다 보면 때가 온단다."

강효정은 강수진을 보았다. 그를 닮아갔다. 인내하며 피나는 연습을 거듭했다. 강효정은 2009년 슈투트가르트 발레단에서 솔리스트로 승격되었다. 2010년에는 발레 '로미오와 줄리엣' 주연으로 발탁되어 지금까지 공연하고 있다.

대가들은 다른 눈으로 세상을 본다. 세상에서 섬기는 예수 제자로 부름받은 부름에 합당하게 살려고 하는 자들에게는 세상의 경쟁자는 다 사라진다. 이미 그리스도가 승리했기 때문이다. 궁극적인 경쟁자만 남는다. 그 경쟁자는 자기 자신이다.

기억하라. '나의 경쟁자는 나다.' 나는 나에게 주어진 휴식을 게으름으로 바꾸어 쓰려는 나와 경쟁해야 한다. 내게 주어지는 고요함을 대화 단절로 바꾸려는 나의 죄된 경향과 싸워야 한다. 자기 관리가 이기심으로 전락하려는 것을 극복해야 한다. 자존감이 자만심으로, 지혜로운 조심성이 불신과 냉소로 변질되는 것을 막아야 한다. 주님이 주신 자유를 방종의 기회로 만들려는 죄의 꼼수를 이겨야 한다.

루빈스타인, 강수진 같은 대가들은 무서운 연습벌레들이다. 그들의 예술적인 감동은 이미 습관이 되어버린 자기훈련에서 비롯되었다. 우리는 '바른 가치와 목표' 그리고 '피나는 연습'을 훈련이라고 부른다. 부르심이 무엇이든 루빈스타인처럼, 강수진처럼 이 훈련의 회원이 되라.

인내로 단련된 성품은
소망을 성취한다

　이십 년쯤 전, 나의 딸들이 어릴 적에 잠을 재우려 밤마다 이야기를 들려주는 이야기꾼이 있었다. 아내였다. 그 덕분에 아내는 동화작가가 되었다. 이야기가 궁금해져서 다시 말똥말똥해지던 아이들. 그 이야기를 짓다가 아내는 글쟁이가 되었다.

　나는 인내에 대해, 단련된 성품에 대해 아내와 대화를 했다. 그러다가 아내가 몇 년 전에 쓴 동화가 생각이 났다. 역경을 딛고 꿈꿔 왔던 마을을 찾아가는 개구리 죠죠의 이야기다. 이곳에 인용하고 싶어 허락을 받아 이곳에 인용하여 싣는다.

죠죠와 도도

개구리 죠죠와 친구 도도는 먼 길을 떠나게 되었습니다. 저 멀리 보이는 산을 넘어가면 모두가 가고 싶어 하는 아름다운 개구리 마을이 있습니다. 도도와 함께 죠죠는 부푼 마음으로 여행을 시작합니다. 가도가도 끝이 없는 너른 들판에 햇볕까지 내리쬐어 두 친구는 지쳐갑니다.

"죠죠, 언제까지 이렇게 걸어서 가야 해?"

"조금 더 가면 강이 나올 거야. 그때 쉬어 가자."

죠죠도 다리가 아파옵니다.

"햇볕이 뜨거워서 걷기가 힘들어, 좋은 방법이 없을까?"

도도가 주위를 둘러보니, 저 멀리서 자동차가 달려오고 있습니다.

"나는 저 자동차를 타고 가야겠어. 너도 같이 가려면 뛰어 올라가!"

도도는 가까이 다가온 자동차가 지나쳐 버리기 전에 펄쩍 튀어 올라 유리창에 달라붙습니다.

"도도야, 저기!"

죠죠는 우물쭈물하다가 자동차에 그만 붙어 갈 기회를 놓치고 맙니다.

"난 저 친구처럼 생각도 행동도 빠르지 못하다니까."

죠죠는 혼자 머쓱해하며 빙긋 웃습니다.

"힘은 더 들겠지만 걷는 것도 나쁘지는 않아."

죠죠는 저만치 앞질러 가는 자동차를 바라보며 다시 걸어갑니다.

먼저 떠난 도도는 땀 한 방울 흘리지 않고 강가에 다다릅니다. 강을 어떻게 건널지 이리저리 살펴보는데, 사람들을 가득 실은 배가 보입니다. 도도는 얼른 뛰어가 뱃머리에 올라탑니다. 잠시 후, 배는 바람을 가르며 두둥실 강을 헤엄쳐 갑니다.

도도는 배 위에서 시원한 바람을 맞으며 강을 바라봅니다. 이 너른 강을 힘 하나 들이지 않고 건너게 해 준 자신의 빠른 판단과 민첩한 행동에 만족하며 지나온 길을 되돌아봅니다. 예상한 대로 멀리 죠죠의 지친 모습이 보입니다.

"이봐 죠죠, 나야. 나 여기 있어."

도도는 큰 몸짓으로 죠죠를 부릅니다.

"어, 어, 잠깐만 도도……."

죠죠는 멀리 떠나가는 배의 갑판에 누워 손을 흔드는 도도를 발견하고는 어찌할 바를 몰라 우물거립니다.

"조금만 빨리 왔다면 같이 타고 갈 수 있었을텐데.

나 또 먼저 갈게. 힘들면 쉬었다 와. 기회가 되면 다시 만나자. 행운을 빌어!"

"또 놓쳤구나. 후!"

도도는 또 앞서 가버립니다. 열심히 걸어서 왔건만, 자동차로 먼저 도착한 도도는 이번에는 배를 타고 저 넓은 강을 건너가고 있습니다.

죠죠는 혼자 걸어온 길이 힘들었다고 생각하지는 않지만, 왠지 자신은 늘 부족하다는 생각이 들어 힘없이 주저 앉습니다. 그렇다고 언제 올지도 모르는 배를 마냥 기다릴 수는 없습니다. 죠죠는 툴툴 털고 자리에서 일어납니다.

'생각해 봐. 지난 여름 이 강물이 얼마나 그리웠는지. 이제 실컷 헤엄치는 거야. 내가 그토록 좋아하는 수영을 열심히 하다 보면 이 강을 건너게 될 거야.'

죠죠는 마음에서 친구 도도의 모습을 털어버리고 물로 첨벙 뛰어 듭니다. 강을 건너는 것은 힘들고도 즐거운 일이기에 죠죠는 더욱 열심히 헤엄쳐 갑니다.

먼저 떠난 배가 강기슭에 이르자 도도는 배에서 펄쩍 뛰어 내립니다. 울창한 숲 사이로 난 고불고불한 길에는 돌과 낙엽 들이 가득합니다.

험한 오르막길을 조금 걸은 도도는 지금껏 편하게 여

행해서인지 이내 발이 아파옵니다. 도도는 돌멩이 위에 앉아 좌우를 두리번거립니다. 조금 있으니 저만치에서 지팡이를 짚은 아저씨가 올라옵니다.

도도는 예상했다는 듯이 미소를 지으며 가까이 온 아저씨의 발등에 사뿐히 올라탑니다. 바른 방법은 아니지만 힘들지 않게 갈 수 있으니 만족스럽습니다.

죠죠는 한참을 지나서야 강가에 도착합니다. 헤엄치느라 지친 몸을 한동안 움직일 수조차 없습니다.

'도도는 벌써 저 언덕을 넘었겠지. 어쩌면 벌써 마을에 도착했을지도 몰라. 헉! 헉! 그래도 끝까지 가면 만나겠지. 나도 더 늦기 전에 출발해야겠다. 힘을 내자, 아자!'

죠죠는 늘어진 몸 구석구석에 힘을 보내듯 팔다리를 공중으로 쭉 뻗으며 몸을 일으킵니다. 돌이 많은 험한 길이라 걷기가 여간 힘들지 않습니다.

'펄쩍펄쩍 뛰면서 올라가야 하니 힘이 몇 배로 들겠는걸. 그렇지만 신선한 바람을 쐬면서 뛴다고 생각하면 상쾌하게 갈 수 있어.'

죠죠는 힘을 다해 꼬불꼬불한 고갯길을 올라갑니다.

거의 다 올라갔을 즈음, 멀찍이 커다란 산이 앞을 가로막습니다. 저 산을 넘으면 목적지가 있다는 생각에 가슴이 두근거립니다. 빨리 오르고 싶어 가까이 가보니 그냥 올라갈 수 없는 절벽산입니다.

죠죠는 올라갈 방법을 생각하며 근처를 둘러봅니다. 그런데 저만치에 이미 고향에 도착했어야 할 도도가 큰 대자로 누워 있습니다.

죠죠는 도도에게 다가갑니다.

"도도야, 여기서 뭐하고 있어? 혹시 나를 기다리고 있었어?"

도도는 지친 목소리로 대답합니다.

"개구리 마을에는 절대로 갈 수 없을 거야. 저 절벽을 올라가려고 갖은 방법을 다 써봤어. 아무도 오르지 않으니 누구의 도움도 받을 수 없고, 내 힘으로 오르려고 몇 번이나 시도했지만 번번이 떨어지기만 하는 거야. 새들이 나를 데리고 올라가 주지 않는 한 이 절벽을 넘어 가기는 틀렸어. 다 틀렸다고"

도도의 허탈한 숨소리를 뒤로 하고 죠죠는 절벽으로 다가갑니다. 사지를 쭉 뻗어 절벽에다 대봅니다.

'한번 올라가 보자. 어차피 여기까지 왔는데 포기할 수는 없어. 지금껏 쉬운 길은 없었잖아. 누구의 도움도 없이 왔으니 끝까지 혼자 해보는 거야.'

죠죠는 한발씩 떨어지지 않게 힘을 줍니다. 죠죠의

몸은 조금씩 절벽을 오르기 시작합니다. 네 다리는 어디라도 걸을 수 있을 만큼 힘이 있고, 몸은 행군으로 단단하고 가벼워져 있습니다.

죠죠의 마음 저 밑에서부터 알 수 없는 기쁨과 해낼 수 있을 것 같은 자신감이 생겨납니다. 이 소망하는 마음이 죠죠를 정상까지 데려갑니다. 그리고 마침내 죠죠는 절벽산 꼭대기에 오릅니다.

죠죠는 정상에 걸터앉아 아래를 내려다보며 손을 흔듭니다. 이 광경을 지켜보던 도도는 소리칩니다.

"죠죠, 어떻게 올라갔니? 나에게도 알려줘. 같이 가야지."

"친구야. 내가 올라왔으니 분명히 너도 올라올 수 있을 거야. 내가 알려줄 수 있는 방법은 한 가지야. 우리가 처음 출발했던 곳으로 가서 내가 온 것처럼 들판을 걷고, 강을 헤엄쳐 건너봐. 그리고 고갯길을 뛰어온다면 너에게도 절벽을 오를 수 있는 온몸의 근육과 사지의 힘이 생길 거야."

죠죠는 산 아래를 둘러봅니다.

"저기 산 아래에 개구리 마을이 보인다. 우리가 가야 할 곳 말이야."

죠죠는 산 정상에서 사방을 돌아봅니다. 지금까지

온 길이 다 보입니다. 그 광경은 아름다움 그 이상입니다.

　힘들기만 했던 길들이 저렇게 아름다워 보이는 것은 경치가 좋아서가 아닙니다. 작은 돌멩이에도, 흔한 풀잎에도, 멈춰 있는 것 같은 강물에도 자신의 땀방울이 떨어져 있고, 모든 순간의 기억이 죠죠의 가슴 가득 채워져 있기 때문입니다.

　〈죠죠와 도도〉의 이야기는 여기까지 듣자. 내가 인용하지 않은 동화의 뒷부분에서 작가는 후회하는 도도에게 기회를 주었다. 죠죠는 도도를 기다린다. 함께 개구리 마을로 가기를 꿈꾼다. 하지만 그런 일이 일어나려면 도도는 습관을 바꿔야 한다. 생각이 아니라 행동으로 말해야 한다. 도도는 죠죠의 충고를 듣고 원점으로 돌아가 다시 시작해야 한다.

　"친구야. 내가 올라왔으니 분명히 너도 올라올 수 있을 거야. 내가 알려줄 수 있는 방법은 한 가지야. 우리가 처음 출발했던 곳으로 가서 내가 온 것처럼 들판을 걷고, 강을 헤엄쳐 건너봐. 그리고 고갯길을 뛰어온다면 너에게도 절벽을 오를 수 있는 온몸의 근육과 사지의 힘이 생길 거야."

죠죠가 가진 힘은 어디서 오는가? 꾀 많은 두뇌가 아
니다. 어려움을 마다하지 않는 목적에 집중된 훈련된 마
음이다. 머리는 도도가 더 좋았다. 사는 데 더 효율적인 방
법이 무엇인지 본능적으로 아는 개구리 도도.

그러나 죠죠는 주어진 과제를 피해가는 법이 없다. 효
율적이지 않다. 여정을 통해 만나는 모든 고난을 감내한
다. 그리고 훈련된 자신을 발견한다. 아무도 도와줄 수 없
는 절벽을 오르려 할 때 죠죠의 훈련된 힘은 비교할 수 없
는 능력으로 드러난다. 그것이 바로 소망을 가능케 하는
인내의 힘이다.

다시 말한다. 섬기는 예수 제자로 부름받는 일은 공상
을 하다가 얻을 수 있는 게 아니다. 실컷 자기 마음대로
놀다가 얻을 수 있는 게 아니다. 하나님의 구원의 은혜 속
에서 부르심에 걸맞게 훈련되어야 한다. 고난은 필수다.
인내가 단련된 그대의 성품이 되도록 훈련에 참여하라.

친절은
하나님의 것이다

거룩한 십대는 공상 속에서 만들어지지 않는다고 했다. 우리가 가져야 할 태도 중에서 가장 익숙하게 대하는 단어가 있다. 익숙한 만큼 쉽게 지나친 태도가 있다. '자비'다(갈 5:22). 자비라는 단어가 가깝게 느껴지지 않을 수 있다. 우리가 사용하는 현대어로 번역해보자. 자비는 '친절(kindness)'이다.

친절은 '아주 오래된 포도주를 준다'는 말에서 왔다. 예나 지금이나 오래된 포도주는 향기롭고 값비싼 것이어서 귀한 손님에게 대접하는 것이었다. 즉 '친절'은 누군가에게 '가장 좋은 것을 베풀어 준다'는 의미를 담고 있다.

친절이라는 태도는 본래 하나님의 것이다. 하나님을 찬양하는 시인의 고백을 들어보자. 시 34:8이다.

"너희는 여호와의 선하심을 맛보아 알지어다 그에게 피하는 자는 복이 있도다(Taste and see that the Lord is kind)"

하나님을 깊이 아는 시인은 마치 과일을 맛보듯, 우리가 하나님을 맛볼 수 있는 것처럼 생생하게 표현한다. 실제로 하나님을 맛볼 수 있다면 우리는 이렇게 감탄할 것이다. "와, 친절하시다!"

하나님은 '친절한 맛'을 지니셨다. 이것은 하나님을 의지해서 살아온, 진실로 하나님을 아는 자들의 고백이다. 이번에는 우리의 왕 멘토 바울의 묵상을 들여다보자.

바울은 로마서 11장에서 하나님께 연결이 끊어진 우리의 비극을 어떻게 회복하셨는지 비유로 말씀하신다. 롬 11:17-24[16]이다.

"17-18 지금 상황은 이러합니다. 그 나무의 가지 중 얼마는 가지치기를 당하고, 대신에 야생 올리브나무 가지인 여러분이 그 나무에 접붙임을 받은 것입니다. 그러나 여러분이 지금 그 비옥하고 거룩한 뿌리로부터 영양을 공급받고 있다고 해서, 여러분이 그 가지치기 당한 가지들 앞에서 우쭐댈 수 없습니다. 기억하십시오. 여러분이 그 뿌리에 영양을 공급하고 있는 것이 아니라, 그 뿌리가 여러분에게 영양을 공급하고 있는 것입니다.

19-20 이런 말이 나올 법합니다. '다른 가지들이 가지치기를 당한 것은 나를 접붙이기 위한 것이 아닌가?' 그렇습니다. 하지만 기억하십시오. 그들이 그렇게 가지치기 당한 것은, 그들이 믿음과 헌신을 통해 계속해서 그 뿌리에 연결되어 있지 않고 말라 죽어 버렸기 때문입니다. 지금 여러분이 그 나무에 붙어 있는 것은, 다만 여러분이 믿음으로 그 나무에 접붙여졌기 때문입니다. 믿음을 길러주는 그 뿌리에 연결되어 있기 때문입니다. 그러므로 자만해져서 뽐내는 가지가 되지 마십시오. 여러분이 연하고 푸릇푸릇할 수 있는 것은, 오직 그 뿌리 덕이라는 사실을 늘 겸손 가운데 기억하십시오.

21-22 본래의 가지에 주저 없이 가위를 대신 하나님이시라면, 여러분에게는 어떠하시겠습니까? 그분은 조금도 주저하지 않으실 것입니다. 하나님은 온화하고 인자하신 분이지만, 동시에 가차없고 엄하신 분이기도 하다는 사실을 반드시 명심하십시오. 그분은 말라 죽은 가지에 대해서는 가차 없으시되, 접붙여진 가지에 대해서는 온화하십니다. 그분의 온화하심을 믿고 방

자하게 굴 생각을 버리십시오. 여러분이 말라 죽은 가지가 되는 순간, 여러분은 가차없이 내쳐지게 됩니다.

²³⁻²⁴ 그러니 여러분은 바닥에 나뒹구는 가지치기 당한 가지들을 보며 우월감에 젖지 않도록 하십시오. 계속 죽은 가지로 남기를 고집하지 않는다면, 그들도 얼마든지 다시 접붙임을 받을 수 있습니다. 하나님은 그렇게 하실 수 있습니다. 그분은 기적적인 접붙임을 행하실 수 있는 분입니다. 바깥 야생 나무에서 잘려 나온 가지들인 여러분을 접붙여 내신 그분에게는, 그 나무에 본래 붙어 있던 가지들을 다시 접붙이는 일은 분명 일도 아닐 것입니다. 다만 여러분은, 지금 여러분이 그 나무에 붙어 있다는 사실을 기뻐하며 다른 사람들도 다 잘되기를 바라십시오."(메시지 성경)

여기에 등장하는 올리브나무(감람나무)는 포도나무와 마찬가지로 이스라엘을 상징한다. 비유 속에 '꺾인 가지'는 일시적으로 버림받은 믿음없는 유대인을 나타낸다. 그리고 야생 올리브나무인 이방인 신자들(이스라엘을 제외한 다른 민족에서 태어난 사람들로 우리를 포함한다)은 그 나무(유대인의 남은 자들)에 접붙임이 되었다. 그래서 유대인의 남은 자들과 우리 이방인 중에서 신자들이 함께 참 올리브나무 뿌리의 진액을 함께 받는 자가 되었다. 하나님은 왜 그렇게 하셨을까? 그렇게 하신 이유는 하나다. 하나님의 친절하심.

　하나님은 그 친절하심으로 원수였던 우리를 구원하셨다.[7] 그래서 우리의 친절의 대상과 범위가 결정되었다. 우리의 친절의 대상은 어처구니가 없다. 친절을 결코 베풀 수 없는 대상인 원수까지다. 이것은 친절이 우리의 소유가 아니라는 반증이다. 친절이 원래 우리가 노력해서 가질 수 있는 것이라면, 우리의 이기적인 본성에 걸맞아야 한다.

　그러나 친절은 작은 웃음, 가벼운 목례, 부축하는 손길 한 번, 반복되는 이야기를 불편 없이 들어주는 기꺼운 경청 속에 훨씬 무겁고 중요한 의미를 담고 있다. 원수였던 우리를 구원하신 분은 이제 우리를 통해 하나님과 원수가 된 자들에게도 친절하라고 하신다. 이게 말이 되는가. 그런데 이게 말이 된다. 예수 안에서는.

　그래서 다짜고짜 말할 수 있는 것이다. 친절은 하나님의 것이다. 하나님에게서 나온다. 그래서인가. 세상에서는 이 친절이 드물게 발견된다. 상점에서 물건을 팔기 위한 가장된 친절 말고 진짜 친절 말이다. 보상을 바라지 않는 친절. 그것은 주님의 것이다.

하나님의 친절에
연결되라

친절함은 하나님의 것이다. 그렇다면 하나님께로부터 오지 않은 친절은 가짜다. 그래서 친절을 가장할 수는 있어도 오래 가지 않는다. 우리에게는 친절이 없기 때문이다. 하나님의 친절은 은혜의 관을 타고 우리에게로 흐른다. 그래서 하나님께 '붙어 있기'가 중요하다. 연결되어야 하나님의 친절은 우리를 통해 드러난다. 하나님께 연결될 때, 우리는 친절을 배우게 된다. 마치 아빠의 손을 붙잡고 걸음마를 배우는 아이처럼 우리는 하나님을 보고, 하나님의 걸음걸이를 따라 친절의 걸음마를 배운다.

물론 서툴다. 처음이니까. 친절이 하나님의 것인지 몰랐으니까. 그러나 염려마시길. 친절하신 하나님은 우리를 잘 아신다. 끝까지 참고 용납하신다. 친절의 걷기 연습

은 무수한 시행착오를 통해 인격이 된다. 우리는 누군가
에게 친절을 베푸는 순간에도 하나님의 친절을 배운다.

"너희는 여호와의 친절하심을 맛보아 알지어다"

시 34 : 8의 고백은 신약성경으로도 메아리친다. 벧전
2 : 3은 이렇게 말한다.

"너희가 주의 친절하심을 맛보았으면 그리하라(now
that you have tasted that the Lord is kind)"

친절이 얼마나 주님의 성품이면, 베드로가 의도적으로
이렇게 썼을까. '주님은 친절하시다(the Lord is kind/$\chi\rho\eta\sigma\tau\acute{o}\varsigma$)'
라는 말과 '주님은 그리스도다(the Lord is Christ/$\chi\rho\iota\sigma\tau\acute{o}\varsigma$)'라는
말이 헬라어로 모음 하나 차이다. 누가 베드로를 무식하
다고 했는가. 그는 말을 통한 기교(wordplay)를 부리면서
친절이 그리스도의 것이라고 중의적으로 말하고 있다.[18]
즉 그리스도께 연결되어 붙어 있지 않으면 우리는 친절
을 배울 수 없다.

주의 친절을 맛보았다면 할 일이 있다.

첫째, 버려야 한다(벧전 2:1).

깨끗이 정리해야 한다. 악의와 위선, 시기와 나쁜 말들을 말끔히 치워야 한다. 성경에 쓰여진 '버린다'는 단어는 '벗어버린다'라는 말의 줄임말이다. 지금 십대인 그대들은 중학생이거나 고등학생이다. 이전에 유치원에 다닌 기억이 있는가. 혹시 유치원 때 입었던 옷을 지금까지 입는 사람이 있는가. 모두가 웃을 일이다. 아무도 없다.

우리는 그리스도 때문에 구원을 받았다. 그런데 옛 습관이 남아 계속 우리에게 머물기를 원한다. 이것은 마치 고등학생이 유치원 아이들 옷을 입고 있는 것과 같다. 벗어버려야 한다. 세상 사람들은 자기에게 이익이 있으면 다 취하려 한다. 그때 다른 이들이 손해를 보아도 상관없다. 이런 마음과 그 마음에서 나온 행동의 열매가 다 '악의'다.

'친절'의 가장 가까운 친구처럼 구는 '친절보다 더 친절 같은 친절'이 있다. 자신의 이익을 목적으로 잠시 가면을 쓴 친절, 자신의 허물을 감추려고 잠시 위장한 친절, 이것을 '위선'이라고 한다. '위선(위장된 친절)'은 때로 '선(친절)'보다 더 선하게 보인다. 그리고 '시기'와 '나쁜 말'은 위선의 예 두 가지이다. 하나님의 '선', 친절을 맛본 사람은 위선을 버려야 한다. 굳은 결심과 지속적인 노력이 필요하다. 언제나 주께 연결되어 붙어 있으라.

둘째, 사모해야 한다(벧전 2:2).

어린아이가 어머니의 젖을 빨기 위해 애쓰는 모습을 본 적이 있는가. 경이 그 자체이다. 아기들에게 누구도 젖을 어떻게 먹어야 하는지 가르치지 않는다. 그러나 젖을 먹는다. 어떤 아기는 어릴 적부터 성미가 급하다. 젖을 먹다가 자기의 의지대로 되지 않아 짜증 섞인 울음을 조금 토해낸다. 그러나 포기하는 법은 없다. 또 시도하고 시도한다. 아기가 젖을 먹는 모습은 '사모한다'는 것이 무엇인지를 보여준다.

유진 피터슨 목사는 '메시지 성경'에 이 부분을 문맥에 맞게 이렇게 번역하고 있다.

"하나님(의 친절함)을 맛보았으니, 이제 여러분은 젖 먹이 아이처럼, 하나님의 순수한 보살핌(친절함)을 깊이 들이키십시오. 그러면 하나님 안에서 무럭무럭 자라서, 성숙하고 온전하게 될 것입니다."(벧전 2 : 2-3)

여기 '순전하고 신령한 젖'은 하나님의 온전한 말씀이다. 그리고 그 온전한 말씀을 통해 알게 된 하나님의 온전한 뜻이다. 그 속에는 하나님의 친절함이 들어 있다. 하나님의 이해할 수 없는 보살핌과 사랑이 들어 있다. 주의 친절하심을 맛보았다면, 또 맛보고 싶어진다는 것이다. 세상의 십대들이 비디오 게임에 몰두되어 그 게임 속 여정에서 무기들을 득템할 때, 거룩한 십대들은 하나님의 친절함을 득템하여 맛본다. 하나님의 친절함은 거룩한 십대가 득템해야 할 필수 무기이다.

하나님의 친절을 맛보는 경이감을 즐기라. 영혼 속에서 사이다가 터지는 짜릿한 달콤함. 하나님을 맛보아 안 사람들은 그 맛을 안다. 신자는 그 맛 때문에 살 맛이 난다. 어떤 거룩한 십대의 열아홉 살 일기를 보자. 그는 이렇게 적고 있다.

"그리스도를 맛본 영혼에게 명랑한 웃음과 짜릿한 혼성음악과 매혹적 눈웃음은 모두 시시한 일이다. 나는 그분을 깊이 들여 마시리라. 오, 그리스도의 영이시여. 하나님의 모든 충만으로 저를 채우소서."

그는 나중에 에콰도르 원주민을 선교하다 순교자로 알려진 짐 엘리엇 선교사다. 하나님을 경외한다는 것이 이것이다. 하나님의 달콤함에 이끌리는 것. 그래서 계속 하나님을 알아가고 점점 닮아가는 것이다.

친절의 시작은
따뜻한 시선이다

'시인과 촌장'이라는 포크 음악을 하는 그룹이 있었다. 하덕규와 함춘호가 뜻을 합해 1981년에 가수로 데뷔했다. 두 사람은 나중에 신실한 그리스도인이 된다. 그리스도인으로서 고백적으로 발표했던 음반이 3집 '숲'이다. 거기 수록되었던 노래 '가시나무(하덕규 작사, 곡)'는 큰 인기를 끌었다. 또 나중에 후배가수 조성모를 통해 리메이크되면서 다시 한 번 인기를 끌기도 했다.

함춘호 씨는 현재 자타가 공인하는 대한민국 최고의 기타리스트다. CCM을 작곡하기도 했고, 가수 유리상자의 이세준 씨와 CCM 프로젝트 그룹 JULY를 결성해서 공연수익금으로 어려운 이웃을 돕는 일을 하기도 했다. 가수 하덕규 씨는 백석대 실용음악교수로 오래 재직하다가,

지금은 음악목사가 되었다.

　나는 '시인과 촌장'의 노래 중에서 1986년 2집 정규 앨범에 수록되었던 '사랑일기'라는 노래를 좋아했다. 여기 소개한다.

사랑일기

1절
새벽 공기를 가르며 날으는 새들의 날개 죽지 위에
첫 차를 타고 일터로 가는 인부들의 힘센 팔뚝 위에

광장을 차고 오르는 비둘기들의 높은 노래 위에
바람 속을 달려 나가는 저 아이들의 맑은 눈망울에

'사랑해요'라고 쓴다. '사랑해요'라고 쓴다.

2절
피곤한 얼굴로 돌아오는 나그네의 저 지친 어깨 위에
시장 어귀의 엄마 품에서 잠든 아가의 마른 이마 위에

공원 길에서 돌아오시는 내 아버지의 주름진 황혼 위에

아무도 없는 땅에 홀로 서 있는 친구의 굳센 미소 위에
'사랑해요'라고 쓴다. '사랑해요'라고 쓴다.

3절
수 없이 밟고 지나는 길에 자라는 민들레 잎사귀에
가고 오지 않는 아름다움의 이름을 부르는 사람들에게

고향으로 돌아가는 소녀의 겨울 밤차 유리창에도
끝도 없이 흘러만 가는 저 사람들의 고독한 뒷모습에

'사랑해요'라고 쓴다. '사랑해요'라고 쓴다.
'사랑해요'라고 쓴다. '사랑해요'라고 쓴다.

2006년쯤으로 기억한다. 하덕규 씨의 집회에 참여한
적이 있었다. 내가 참 좋아했던 가수라 살아왔던 이야기
가 궁금했다. 그런데 하덕규 씨가 '사랑일기'라는 노래를
만들게 되었던 뒷이야기를 해주었다.

그는 원래 미술을 전공했다. 그래서 1980년대, 서울 대
학로에서 미술학원을 하고 있었다. 아침에 학원 문을 열
고, 저녁이면 정리를 하는 미술학원의 일상 너머로 늘 보
게 된 것이 있었다. 그것은 출근하는 사람들, 등교하는 학

생들의 얼굴이었다. 퇴근하는 사람들 그리고 집으로 돌아가는 사람들의 뒷모습이었다. 누구인지도 모르는 사람들이지만 힘을 주고 싶었던 어느 날, '사랑일기'라는 곡의 노랫말을 쓰고 곡을 입혔다고 했다. 하덕규라는 가수가 가진 세상에 대한 따뜻한 시선이 느껴졌다.

친절의 시작은 따뜻한 시선이다. 이웃을 향한 따뜻한 시선은 그를 향해 따뜻한 친절을 베풀게 하기 때문이다. 신자인 우리가 세상을 따뜻한 시선으로 봐야 하나요, 라고 묻는다면 대답은 '그렇다'이다. 하나님이 세상을 향해 그렇게 하셨기 때문이다.

세상의 십대들은 불행하다. 옆에 있는 같은 반 친구하고도 보이지 않는 경쟁을 한다. '친구가 쓰러져야 내가 살아남는다'는 각박한 생각으로 산다. 경쟁해야 하는데 어떻게 친구가 될 수 있는가.

경쟁하는 마음에서 친절은 발견할 수 없다. 친절은 남이 잘 되게 섬기고, 먼저 가라고 비켜주고, 성장하기를 기다리고 먼저 웃어주는 마음의 표현이다. 경쟁해야 한다면 친절할 수 없다.

베스트 셀러가 된 《연탄길》의 작가 이철환 씨는 자전적 에세이 《행복한 고물상》(2005)에서 학창시절 자신의 부끄러운 기억을 소개한다. '내 짝궁 원표'라는 글에서다.

작가는 초등학교 시절, 자신의 짝꿍이었던 원표와의 기억을 잊지 못하고 있다. 원표는 수학을 잘했던 모양이다. 작가는 원표보다 수학점수가 높았으면 싶었다. 작가는 원표가 수학을 자기보다 잘하는 게 싫었다. 어느 날, 월말고사를 보고 서로 바꿔서 채점을 할 때 작가는 원표의 답안지에서 두 문제의 답을 틀리게 고쳤다. 그런데 그걸 안 원표는 친구인 작가에게 말도 못하고 그저 울기만 했다. 작가는 그게 신경이 쓰였다. 그래서 방과 후 원표 몰래 집까지 따라갔다. 원표의 집을 보고 작가는 깊은 죄책감을 느낀다. 원표의 집 풍경을 작가는 이렇게 묘사하고 있다.

'신문으로 바른 벽, 불씨 하나 없어 냉골인 방바닥, 심장병을 앓는 여동생, 막일을 하는 부모님, 그 집에서 유독 빛나는 건 백열등 아래 빼곡히 붙은 원표의 우등상장들이었어요.'

그때 어린 철환이는 깨달았다. 짝꿍의 점수에 대한 경쟁심은 원표 집안의 유일한 등불을 빼앗았다는 것을. 그리고 답을 틀리게 한 잘못된 행동뿐만 아니라 자신의 친구인 원표를 경쟁자로 생각했던 자신이 한없이 부끄러웠음을. 그 미안하고 부끄러운 마음의 짐은 'TV는 사랑을 싣고'를 통해 친구를 만나 사과를 한 후에야 벗을 수 있었다.

'따뜻한 시선'은 예수님이 교회를 세우실 때, 제자를 통해 우리에게 선물하신 예수님의 유산이다. 요 19 : 23-27을 보자.

"²³ 군인들이 예수를 십자가에 못 박고 그의 옷을 취하여 네 깃에 나눠 각각 한 깃씩 얻고 속옷도 취하니 이 속옷은 호지 아니하고 위에서부터 통으로 짠 것이라

²⁴ 군인들이 서로 말하되 이것을 찢지 말고 누가 언나 제비 뽑자 하니 이는 성경에 그들이 내 옷을 나누고 내 옷을 제비 뽑나이다 한 것을 응하게 하려 함이러라 군인들은 이런 일을 하고

²⁵ 예수의 십자가 곁에는 그 어머니와 이모와 글로바의 아내 마리아와 막달라 마리아가 섰는지라

²⁶ 예수께서 자기의 어머니와 사랑하시는 제자가 곁에 서 있는 것을 보시고 자기 어머니께 말씀하시되 여자여 보소서 아들이니이다 하시고

²⁷ 또 그 제자에게 이르시되 보라 네 어머니라 하신대 그때부터 그 제자가 자기 집에 모시니라"

이 본문에는 예수님이 십자가에 못 박히신 후, 나무에

달린 예수님과 나무 밑에 있는 사람들 사이에서 일어난 일을 기록하고 있다. 이 문단의 제목을 정한다면, '예수님의 유산 나누기'다.

유산을 나눠 가지는 사람들은 군병들(요 19 : 23-24)과 예수님의 제자 요한으로 대표되는 교회(요 19 : 25-27)다.

유스티안 법전에 기록된 로마법에 따르면, 로마 군병들은 처형된 사람이 입고 있던 옷을 가질 권리가 있었다. 사형수는 벌거벗긴 채로 처형당하는 게 관례였다. 그들은 합법적인 그들의 권한을 사용하고 있었다. 로마 군병들은 자신이 탈취할 수 있는 작은 재산에만 온 마음의 주파수가 맞추어진 고장난 라디오 같은 사람들이었다. 지직거리는 라디오는 주파수 하나를 맞추었다. 시 22:17-18이다.

"내가 내 모든 뼈를 셀 수 있나이다. 그들이 나를 주목하여 보고 내 겉옷을 나누며 속옷을 제비 뽑나이다"(시 22 : 17-18)

로마 군병들은 예수님을 쳐다보았다. 그러나 예수님이 누구인지 관심이 없다. 예수님께 집중하지 않는 한, 예수님의 따뜻한 시선과 그에게서 나오는 말씀을 들을 수 없다. 그들은 자신들에게 생명을 주는 구원자에게 귀먹은 자들이다. 눈먼 자들이다.

군병들이 자신의 옷을 벗겨 나누어 가지는 동안, 예수님은 제자 요한에게 유산을 나누어 주신다. 벌거벗겨진 채 나무에 달린 예수님, 아무것도 가지지 않은 예수님은 그가 가진 마지막 것을 나누어 주신다. 그 유산은 예수님의 '따뜻한 시선'을 통해 제자에게 전달된다. 예수님의 눈은 모친 마리아와 제자 요한에게 머문다. 그리고 말씀하셨다.

"보소서 - 보라" 이 말씀은 영어성경에 한 단어의 감탄사 'behold'로 표기된 단어다. 보라. 예수님의 시선은 두 사람 위에 있다. 그리고 두 사람에게 자신을 보고 서로를 보도록 하신다. 그 순간, 따뜻한 시선은 예수님에게서 어머니 마리아에게로 전해진다. 육신적인 가족을 넘어선 마음의 교감이 나누어진다.

그리고 예수님의 시선은 이내 제자 요한에게 옮겨진다. 요한의 시선은 마리아를 향한다. 따뜻한 시선은 예수님에게서 전해져 마리아와 제자 요한을 따뜻하게 했다. 그리고 예수님의 따뜻한 시선은 곧 마리아와 요한뿐만 아니라 거기 있던 예수님의 이모와 글로바의 아내 마리아와 막달라 마리아의 마음으로 따뜻하게 전염되었다. 그리고 예수님의 유산 전달식이 이어진다.

　"여자여 보소서. 아들이니이다"
　"보라. 네 어머니라"

　이상한 말이다. 어머니에게 '여자'라고 하신다. 요한에게 예수님은 자신의 어머니를 말씀하시면서, '네 어머니'라고 하신다. 그런데 더 놀라운 것은 제자 요한이 아무런 대꾸없이 그때부터 예수님의 어머니를 자기 집으로 모셨다고 기록했다. 뭘까? 우리가 놓치고 있는 것은.
　우리가 놓치고 있는 것은 이것이 당시의 이스라엘 사람들만 알아들을 수 있는 어법이었다는 것이다. "여자여 보소서. 아들이니이다.", "보라. 네 어머니라."라는 어법은 당시 이스라엘의 법률적 용어[19]였다.
　예수님은 자신의 어머니를 육신의 가족에게 맡기지 않으셨다. 오히려 이스라엘 가족법에서 통용되던 법적인 용어를 사용하여 어머니 마리아를 제자에게 법적으로 위탁하셨다. 다시 말해서 예수님은 공식적으로 어머니를 부양하는 법적인 책임을 제자에게 맡기신 것이다. 제자 요한으로 대표되는 요한복음식 교회의 시작은 새로운 가족인 어머니를 법적으로 위탁받으면서 '그때부터' 시작되었다.

그래서 참 교회가 성장하는 곳에 늘 있는 것이 있다. 사람을 향한 사랑의 책임, 그리고 그 사람들 사이에 있는 따뜻한 시선이다.

친절은 보상받는 게 아니라,
미리 주는 것이다

친절은 어떤 일을 할 수 있을까. 친절은 얼마나 힘이 있을까. '친절'이라는 단어를 떠올리면, 문득 그런 생각이 든다. 『탄줘잉, 살아 있는 동안 꼭 해야 할 49가지』(2003)라는 책은 2004년 우리 말로 번역되어 베스트셀러가 되었다. 이 책은 인생의 마지막에 이르기까지 이것 만은 꼭 해야 한다는 49가지의 할 일 목록서이다. 그 중 스물다섯 번째 할 일은 '남을 돕는 즐거움 찾기'이다.

거기에는 이런 내용이 실려 있다.

일자리를 구하는 한 남자가 있었다. 그 남자는 오랫동안 일자리를 찾았으나 구할 수 없었다. 어느 날, 그 남자가 어두운 거리를 운전해서 가는 동안 하늘에서 눈이 내리기 시작했다. 마음이 바빠졌다. 그는 더 빠르게 낡은 차를 움직였다. 그런데 길모퉁이에 자동차 한 대가 멈춰 있는 것을 발견했다. 고장이 난 것이다. 집으로 향하는 마음은 분주했으나 그 차 안에 타고 있는 노부인의 안타까운 표정을 외면할 수 없었다. 누군가 도와줄 사람이 필요했다. 그는 노부인을 도와줄 사람은 자신뿐인 것을 알았다.

차에서 내린 그는 노부인의 차로 웃으며 다가갔다. 그 차는 최신형 자동차였다. 노부인의 표정에는 지치고 겁이 가득했다. 해가 저무는 그 추위 속에서 노부인은 한 시간이 넘는 시간을 멈춰 선 채 누구의 도움도 받지 못했기 때문이다. 노부인은 혹시 남자가 다가갔을 때 자신을 해치러 온 것은 아닌지 겁을 내기도 했다. 남자가 가까이 다가갔을 때 노부인의 눈에는 남자의 초라한 옷이 먼저 눈에 띄었다. 혹시 나쁜 사람이면 도망치려 했는데 남자가 환한 미소를 머금고 도와주겠다고 하자 마음이 풀렸다. 뿐만 아니라 바람이 매섭고 날씨는 추우므로 차 안에 들어가 있으라고 하자 노부인은 비로소 안도의 숨을 크게 내쉬었다. 그의 이름은 조지였다.

문제는 자동차 타이어였다. 조지는 펑크가 난 타이어를 갈기 위해 차 밑으로 들어가 장비를 고정시키고 몇 번이나 차 밑을 들락날락했다. 이내 옷은 더러워졌고 실수로 손까지 조금 다쳤다. 하지만 조지는 수리를 멈추지 않고 보조타이어를 갈아 끼웠다.

　이윽고 수리가 끝났다. 노부인은 조지에게 진심 어린 감사의 말을 전했다. 그리고 약간의 사례를 하려 했다. 어둠이 깔리는 눈 내리는 저녁에 만난 그는 생명의 은인이었기 때문이다. 그러나 조지는 한사코 거절했다. 그는 돈을 받으려 한 일이 아니라고 했다. 조지라는 그 젊은이는 다음과 같은 말을 남기고 사라져갔다.

　"만약 답례를 하고 싶다면 나중에 곤란한 상황을 만난 사람을 만났을 때, 그냥 지나치지 말고 도와주세요."

　노부인에게 조지의 친절은 긴 여운을 남겼다. 젊은이의 차가 떠날 때 사라져가는 그 뒷모습을 바라보면서 노부인은 꼭 그의 말대로 하겠다고 생각했다. 노부인은 바삐 집으로 돌아가려 차를 몰았다. 그러다 작은 카페를 발견했다. 긴장과 추위를 녹이며 식사를 하고 가기로 하고 카페에 들어갔다. 카페는 허름했다. 만삭의 여종업원은 젖은 머리를 말리라며 수건을 건넸다. 몸이 무거울 텐데 미소와 친절을 잃지 않았다. 그녀가 가져온 음식은 입에 달았다.

　노부인은 식사를 마친 후, 백 달러짜리 지폐를 냈다. 그러나 시골의 작고 허름한 카페에는 거스름돈이 없었다. 종업원은 이웃가게에 거스름돈을 바꾸러 갔다. 그 사이 노부인은 메모를 남기고 길을 떠났다. 여종업원이 돌아왔을 때, 메모만 남아 있었다.

'거스름돈은 필요한 일에 쓰세요. 출산하는 데 돈이 많이 필요할 거예요. 저한테 너무 고마워하지 마세요. 저도 오늘 다른 분에게 도움을 받았어요. 제가 지금 당신에게 한 것처럼.'

여종업원은 집으로 돌아와 침대에 누워 생각했다. 우리 부부에게 돈이 필요한 걸 어떻게 알았을까? 그녀는 다음 달 출산 예정이라 남편이 고민하고 있다는 것을 알고 있었다. 남편이 곁에 누웠다. 아내는 입 맞추며 부드럽게 말했다.

"다 잘될 거예요. 사랑해요, 조지.[20]"

누군가 베푼 친절은 긍정적인 삶을 상상하게 해주었다. 이것은 친절이 세상에 준 선물이다. 친절은 자신에게 보답으로 돌아오지 않는다. 그것을 알고, 보답과 상관없이 베푸는 것이 친절이기 때문이다. 이것을 자신의 인생으로 묵상한 사람이 있다. 지금은 고인이 된 장영희 교수다.

장 교수는 서강대 영미어문 전공교수이면서 번역가, 칼럼니스트, 중고등학교 영어교과서 집필자로도 활동했었다. 장 교수는 태어나 첫돌이 되었을 때, 두 다리를 쓰지 못하는 소아마비 1급 장애인이 되었다. 하지만 장애를 이겨내고 박사학위를 받고 모교에서 교수로 재직하였다.

2001년에 유방암 선고를 받고 두 번의 수술과 방사선 치료를 받은 끝에 회복되었다. 2004년에는 척추에서 암이 발생했다. 또 투병해서 2006년에 회복되었다. 2008년에는 간암까지 발병했다. 굳은 의지로 치료를 받았다. 하지만 2009년 5월 9일 다시 일어나지 못했다.

세 차례 암이 발병했지만, 병은 장영희의 희망을 꺾지 못했다. 투병 중에도 여러 책을 펴냈다. 장 교수가 우리에게 마지막으로 남기고 간 책이 에세이집 『살아온 기적 살아갈 기적』(2009년 5월 15일 초판 발행)이다.

장 교수는 자신의 장애 때문에 남의 친절의 손길에 어느 정도 의존된 삶을 살 수밖에 없었다. 그리고 고백한다. 자신에게는 고질적인 '미루기 신드롬'이 있었다고. 천성적으로 부지런하지 못하고, 급해야 일을 마치는 급급한 삶이 연속이었다. 그러다가 장 교수는 '아주 특별한 미리'를 보게 된다. 〈Pay it forward(미리 갚아요), 2000년 개봉작〉라는 영화를 통해서다. 이 영화는 캐서린 라이언 하이드(Catherine Ryan Hyde)라는 작가가 실화를 바탕으로 쓴 소설을 각색한 영화다.

캐서린은 앞에서 내가 소개한 탄줴잉의 이야기에 나오는 사건과 비슷한 일을 겪는다. 어느 날, 캐서린이 몰고 가던 트럭에 갑자기 불이 붙었다. 어디선가 건장한 남자

두 명이 도와주기 위해 뛰어온다. 하지만 당황한 캐서린은 본능적으로 그들이 자신을 해치려는 줄 알고 오지 말라고 소리친다. 하지만 두 남자는 위험을 무릅쓰고 불을 꺼주었고, 그녀가 상황을 파악했을 때는 이미 그들이 가버린 후였다. 결국 그녀는 두 남자의 친절에 감사하다는 말조차 제대로 하지 못했고, 그 일을 생각할 때마다 죄의식을 느낄 정도로 미안하기 이를 데 없었다.

생각 끝에 그녀는 이제부터 은혜를 '미리' 갚기로 했다. 즉, 이미 입은 친절에 대해 빚을 갚을 수 없다면, 앞으로 살아가며 입을 은혜에 대한 감사와 보답을 미리 행하기로 한 것이다. 그래서 그녀는 모르는 사람들에게 작은 도움과 친절을 베풀기 시작하고, 이를 내용으로 〈미리 갚아요〉라는 소설을 쓴다.

영화 속에서 이 소설을 읽은 한 소년은 '이 세상을 조금이라도 좋게 만들 수 있는 방법'을 생각해오라는 학교 과제로 '미리 갚아요'라는 캠페인을 시작한다. 즉 자신이 세 명의 다른 사람에게 앞으로 질 빚을 갚는 호의와 친절을 베풀고, 그 세 사람이 각기 또 다른 세 사람에게 친절을 베푸는 것이다. 그래서 한 사람이 세 사람이 되고, 세 사람이 아홉 사람이 되고, 아홉 사람이 스물일곱 명이 되고……. 그래서 누구든 '미리' 가는 세상, 남보다 '미리' 친절하고

'미리' 도와주는 좋은 세상을 만드는 꿈을 갖고 소년이 열심히 캠페인을 벌여간다는 것이 이 영화의 줄거리다.

'나는 이제 곧 새로운 세계로 가서 낯선 사람들 사이에서 적응하려고 노력하면서 아마 평상시보다 더 많이 남의 호의와 친절을 필요로 하고, 더 많이 남의 도움을 받을 것이다. 또 어쩌면 '미리' 갚기 시작한 한 소년의 호의가 퍼지고 퍼져 내게까지 올지도 모른다. 이 글을 읽은 독자들이 '미리' 갚기 시작해서 한 사람이 세 사람, 세 사람이 아홉 사람으로 자꾸자꾸 퍼져서 미국까지 올지도 모른다. 그러면 그 친절과 사랑에 감명받아 나같이 '미리'와 인연이 없는 사람도 '미리 갚는' 사람들로 이루어진 거대한 그물의 일원이 될 수 있을지도……' [22]

장영희 교수는 친절을 미리 주는 세상을 상상했다. 그녀는 장애를 극복한 강한 의지를 지녔었다. 반면 약자의 시선이 늘 있었다. 친절은 약자가 없는 세상을 만든다. 이것은 주님이 우리들을 통해 꿈꾸는 세상이다.

주님은 경건한 자들이 세상에 있을 때, 교회가 높이 세워지는 것을 바라지 않으신다. 오히려 낮은 곳으로 임하는 친절한 경건자들을 원하신다.

"그럴듯한 말로 경건한 척하는 사람은 자기를 속이는 자입니다. 그러한 경건은 자기 자랑이자 허풍일 뿐입니다. 하나님 아버지 앞에서 인정받는 참된 경건은, 집 없는 이에게 손을 내밀고 찾아가며 곤경에 빠진 사랑받지 못한 이들을 보살피고, 하나님을 모르는 타락한 세상으로부터 자신을 지켜내는 것입니다."(약1:26-27, 메시지 성경)

경건한 자들은 말이 아니라, 실천으로 '집 없는 이들과 곤경에 빠진 사랑받지 못한 이들을 보살핀다고 했다. 이것은 우리가 친절을 베풀 대상인 세상의 약자들인 '고아와 과부'의 현대적 번역이다. 참 경건자들은 세상 속에서 약자들이 사는 곳, 낮은 곳으로 허리를 낮춘 삶을 사는 사람들이다.

거룩한 십대는 자신이 연결되어 있는 하나님을 세상에 연결시킨다. 우리는 거룩한 물류센터로 부름받았기 때문이다. 이 물류센터는 발생하는 모든 수익을 모든 수혜자들에게 돌려준다. 참 희한한 물류센터 되시겠다. 거룩한 십대는 우리가 하나님의 친절의 수혜자이면서 수여자라는 것을 안다. 그래서 그리스도의 친절을 공급받아 서로 주고받는다. 참 신나는 세상이다.

이것은 기독교가 가져왔던 고유의 생각이다. 종교개혁자 루터는 이 사상을 표현하기 위해 '통로(conduit/channels)'라는 이미지를 사용한다. 우리는 이웃에게 하나님의 선물을 흘려보내는 통로다. 통로는 손해보지 않는다. 선물을 담고 있지 못해서 섭섭할 수 있다. 그러나 하나님이 끊임없이 친절을 베푸시고 선물을 주시는 분임을 누구보다 잘 알게 된다. 이것은 특권이다. 하나님이 살아 역사하심을 가장 분명히 알게 되니까.

친절을 유포하라. 탄줘잉의 생각보다, 장영희 교수의 상상보다, 캐서린 하이드의 꿈보다 그대가 이 친절의 상상을 현실화할 수 있다. 이뤄낼 수 있다. 그대는 하나님께 연결되어 있기 때문이다. 그대는 하나님의 선물을 실어 나르는 '축복의 통로'다.

나는 상상한다. 거룩한 십대가 만드는 친절한 세상. 하나님의 친절에 연결되어 미리 친절을 갚아주는 세상. 친절한 시선으로 친절의 도미노현상이 교회를 넘어 사회를 덮는 세상. 친절의 거룩한 물류센터가 세상을 거슬러, 세상의 상식을 뒤집는 세상 말이다.

이런 이야기가 전해진다. 제2차세계대전 직후에 유럽은 갈갈이 찢어지기 시작했다. 땅의 상당 부분이 전쟁으로 인해 황폐해졌다. 무엇보다도 비참했던 전후의 상황에서 많은 고아들이 굶주린 채 길거리에 방치되어 있었다. 어느 날 아침, 미군 병사가 런던에 있는 소속 부대로 돌아가고 있었다. 지프를 몰고 길모퉁이를 돌아가는데 빵집 진열창에 코를 대고 서 있는 어린 소년이 눈에 들어왔다. 빵집 안에서는 주인이 맛있는 도넛을 만드는 중이었다. 소년은 빵집 주인의 빵 만드는 일을 넋을 놓고 지켜보고 있었다. 병사는 지프에서 내려 소년이 서 있는 곳으로 걸어갔다. 그리고는 곁에 나란히 섰다. 도넛이 오븐에서 나와 모락모락 김을 내며 진열대에 놓였다. 병사는 곁에 있는 어린 소년에게 말했다.

"애야, 저 도넛 먹고 싶니?"

"네, 정말 먹고 싶어요!"

병사는 빵집으로 들어갔다. 그리고 갓 구워낸 도넛 열두 개를 봉지에 담아 갖고 나와 소년에게 건네 주었다. 그리고는 지프로 돌아가려고 하는데 뒤에서 옷깃이 약간 당겨지는 느낌이 느껴졌다. 뒤를 돌아다 보았다. 그 소년이었다.

"애야, 왜 그러니?"

그때 소년이 말했다.

"혹시 아저씨, 하나님이세요?"

소년은 왜 이런 착각을 했을까? 피폐한 시절, 이런 일을 하는 사람은 한 사람도 없기 때문이다. 자기도 먹기 힘든 시기에 누군가에게 호의와 친절을 베푸는 일이 드물다는 것은 쉽게 짐작할 수 있다. 어려울 때, 자기를 먼저 챙기는 일은 세상의 상식이다. 그런데 한 번도 본 적이 없는 사람에게 병사는 이유 없는 친절을 베풀었다. 소년이 생각하기에 이것은 하나님만 할 수 있는 일이다.

이제 거룩한 십대들이 우리 시대에 그 하나님을 닮아 세상의 상식을 뒤집자. 어느 날, 누군가 그대에게 묻게 하라.

"혹시 하나님이세요?"

절제는 욕망보다
더 높은 목적을 따라 사는 이들의 열매다

거룩한 십대가 세상의 십대와 구별되는 지점에 '절제'가 있다. 절제는 유혹을 저항하는 능력이다. 우리의 왕 멘토 바울 선생님은 로마시대 경기자의 목표를 향한 훈련과 성적인 욕망을 다스리는 자제력을 의미할 때 절제라는 단어를 썼다. 절제는 자기 욕구가 하나님이 주신 삶의 목적과 충돌할 때, 하나님과 동행하기로 결심한 사람이 택하는 삶의 길이다. 자기의 욕심이 이끄는 대로 사는 사람, 즉 늘 자기 욕망에 지는 사람은 절제하지 않는다.

거룩한 십대여, 그대는 왜 사는가.

내가 이 질문을 교실에서 한 적이 있다. 한 학생이 너무 쉬운 질문을 한다는 표정으로 즉시 대답했다(그 학생은 나중에 사회와 국가에 기여하는 신자로 살 것이다. 이 대화의 핵심을 잊지 않는다면).

"태어났으니까, 사는거죠."

"······."

잠시 침묵이 흘렀다. 나는 대답했다.

"지금 학생이 대답한 것은 의도하지는 않았지만, 하나님을 모르는 실존주의[23]자들의 대답과 비슷하네요. "

학생은 눈을 깜빡 거리며 쳐다보았다. '내가 그런 위대한 말을?' 그런 생각이 학생의 마음을 스치고 있었다. 나는 말을 이었다.

"실존주의자들은, 우리가 알 수 없는 절대자가, 우리가 신이라고 부르는 존재가 우리를 이 땅에 던졌고(투성의 존재), 우리는 우리 의지와 상관없이 던져졌다(피투성의 존재)고 합니다. 우리는 피투성이가 된 거죠. 하하. 태어났으니까 산다는 겁니다. 그래서 실존주의자들은 인간이 늘 '불안'을 안고 산다고 했어요. 왜냐? 그냥 누군가로부터 던져졌으니까. 참 불안하겠죠?

실존주의자들이 사용하는 '불안'을 독어로 '앙스트(angst)'라고 하지요. 영어로는 anxiety라고 번역할 수 있어요. 실존주의자들은 여기까지 잘했습니다. 인간의 문제를 파악한 일. 이건 마치 어떤 사람이 아파서 병원에 갔는데, 의사가 진단을 이렇게 한 것과 같아요.

'진짜 아프시네요. 그런데 제게는 치료방법이 없습니

다. 당신은 금방 죽을 겁니다. 그런데 치료할 방법은 없네요.'

실존주의는 인간이 가진 문제는 파악했지요. 그러나 답을 찾지는 못했어요. 솔직한 겁니다. 그들은 '인생을 왜 살아야 하죠?'라는 질문에 '그냥!'이라고 대답한 거죠.

성경은 다르게 진단합니다. 하나님이 선지자 예레미야에게 하신 말씀을 보세요.

'나는 네가 모태에 모양이 생기기도 전에, 너를 송두리째 알았다. 네가 이 땅의 햇살을 처음 보기 전에 너를 위한 거룩한 계획들을 가지고 있었다. 내 심중에 너를 나라들의 선지자로 세우기로 했다(렘 1:5, 메시지성경).'

하나님은 당신의 백성을 어머니 태 중에 잉태되기도 전에 아신다는 것입니다. '피투성이'요? 그건 기독교적인 생각이 아닙니다. 복음은 인생이 가진 불안에 정확한 해답을 줍니다."

나는 오래 전에 신학자 알리스터 맥그래스[24]가 쓴 책을 통해 실존주의를 넘어선 복음의 힘을 마음 깊이 받아들였다. 그 복음에 관해 십대들과 교실에서 나눌 수 있는 것은 특권이었다. 십대처럼 불안한 시절이 있을라고, 생각하니 더욱 그랬다. 복음이 인생의 대답이다. 예수는 인생을 살게 하는 목적이다. 강의를 하는 중에 그런 생각이

머리를 스쳤다. 그리고 말을 이었다.

"……다른 종교와 철학들도 인간이 가진 불안에 대답했습니다. 불안은 환상에 불과하다, 불안은 이 세상에서 끝나므로 불안을 잊기 위한 쾌락에 몰입해야 한다, 그러나 기독교는 다른 대답을 주었습니다. 예수 그리스도가 그 불안한 인류 속으로 들어오셨습니다. 그리고 온 몸으로 말씀하셨죠. 너희는 혼자 있는 게 아니다. 너희는 피투성이의 존재가 아니다. 내가 너희와 항상 함께 있다. 그리고 우리에게 불안을 가져다주는 궁극적인 원인. 죄를 대신 해서 죽으시고 부활하셨습니다. 그리스도가 우리의 삶의 목적이 되셨습니다."

하나님의 목적이 그리스도 안에서 성취되었다. 그래서 우리는 그리스도를 위해 산다. 왕 멘토 바울 선생님의 사시는 이유를 들어보자.

"그리스도의 삶이 내게 방법을 일러주었고, 그렇게 살도록 해주었습니다. 나는 그리스도와 나를 완전히 동일시했습니다. 정말로 나는 그리스도와 함께 십자가에 못 박혔습니다. 이제 내 자아는 더 이상 내 중심이 아닙니다. 나는 더 이상 여러분에게 의롭게 보이거나 여러분에게서 좋은 평판을 얻고 싶은 마음이 없습니다. 나는 더 이상 하나님께 좋은 평가를 얻어야 한다는 강박관념이 없습니다. 그리스도께서 내 안에서 살고 계십니다. 여러분이 보는 내 삶은 '나의 것'이 아니라, 나를 사랑하시고 나를 위해 자기 목숨을 내어 주신 하나님의 아들을 믿는 믿음으로 살아가는 삶입니다. 나는 이 삶을 저버리지 않을 것입니다."(갈 2 : 20, 메시지성경)

바울은 말한다. 그리스도의 삶이 내게 사는 방법을 알려주었다고. 그렇게 살게 해주었다고. 예수님을 만나면 우리 인생에는 진도 9.0의 지진이 일어난다. 옛 삶이 붕괴되었다. 우리의 불안도 무너져 내렸다. 절망을 반납 당했다. 애통할 수는 있어도 절망할 수는 없다. 나를 위해 자기 목숨을 내어 주신 하나님의 아들. 예수님이 우리 삶의 새로운 기초가 되었다. 그분이 거부할 수 없는 삶의 이유가 되었다.

살면서 휘파람을 불 수 있는 것은 예수 때문이다. 우리는 던져진 피투성이로 사는 게 아니라, 정확한 삶의 목적을 가지고 산다. 이것이 거룩한 십대가 절제하는 삶을 살아야 할 이유다. 욕망이 밀려올 때, 절제하는 이유는 욕망보다 높은 삶의 목적이 있기 때문이다.

연세대학교 철학과 명예교수인 김형석 교수가 경험한 사건이 하나 있다. 어느 날 학교에 들어섰는데, 한 학생이 참 분주하게 뛰어갔다. 김 교수는 학생을 잠시 멈추게 하시고 물었다.

"학생, 왜 그리 바삐 뛰어가나?"

"강의 시간에 늦어서요. 교수님."

"그렇게 열심히 공부해서 무얼 할 거지?"

"좋은 직장에 취업해서 돈 많이 벌려고요."

"그래서 어쩌려고?"

"그래야 좋은 여자 만나서 결혼도 하죠."

"그 다음엔 무얼 하지?"

"그 다음에는 아이들을 낳겠죠. 오순도순 행복하게 살아야지요."

"그런 다음에는?"

"그러다가 늙어가겠죠."

"그리고?"

이쯤 들었을 때, 학생은 교수님의 계속되는 꼬리를 무는 질문에 짜증이 났다. 그래서 퉁명스럽게 대답했다.

"그렇게 살다 그냥 늙어 죽겠죠. 뭐."

이 대답을 들은 김형석 교수는 이렇게 대답했다.

"결국 죽으려고 바쁘게 사는구먼!"

그대는 왜 사는가. 사는 목적이 있는가. 어디에 서 있는가. 거기 그리스도가 계신가.

인생의 목적을 생각하지 않은 채 바쁘게 사는 것은 자신의 인생에 범죄하는 것이다. 죽으려고 바쁘게 사는 사람은 어리석은 사람이다. 그런데 더 어리석은 사람이 있다. 그 사람은 인생의 목적을 알고도 절제하지 않는 사람이다.

절제는 욕망보다 더 높은 목적을 이루기 위한 몸부림이다

우리는 그리스도 때문에 인생의 높은 목적이 있음을 알았다. 그러나 그 얇은 생각 속에서만 머물면 힘이 없다. 진리를 안다는 것은 진리를 향해 움직인다는 것이다. 그런데 현실은 그렇지 않다. 쉽게 욕망의 노예가 되고, 진리는 생각 속에서만 빛난다. 왜? 욕망은 늘 힘이 세기 때문이다. 그래서 훈련해야 한다. 사람들은 쉽게 자신이 생각하면 언젠가 이루어질 것이라고 한다. 생각하기 나름이다.

욕망을 위한 생각은 노력 없이도 현실이 될 수 있다. 특이한 체질이 아닌 보통 사람의 경우, 살을 찌우는 일은 힘이 들지 않는다. 욕망을 따라 먹기만 하면 된다. '난 한 달 동안 15kg을 살찌웠어.' 이런 이야기는 쉽게 들을 수 있을 것이다. 하지만 하나님의 높은 목적을 성취하는 것은 그만

큼의 희생과 훈련 없이 결코 성취되지 않는다.

'빈 시리즈 오빠들'을 아는가. 현빈, 원빈이 그들이다. 십대들이 너무 좋아한다. 빈 시리즈 오빠 중 현빈이 2011년 3월 7일 해병대에 입대를 했다. 보통 연예인이 입대를 하면, '연예병사'라는 명목으로 군생활을 하는 편이다. 그런데 현빈은 '일반병사'로 복무하겠다고 해서 화제가 되었다. 멋있는 청년이다. 해병대 입대를 위한 체력 검정테스트에서도 30점 만점에 29점을 받았다. 체력도 아주 좋다는 얘기다. 그런데 기억하라. 현빈이 해병대에 입대했다고 곧 해병이 되는 것은 아니다. 해병이 되기 위한 혹독한 훈련을 받아야 한다. 훈련을 통과해야 해병이 된다.

나의 스승 중 한 분은 해병대 출신이다. 자신의 젊은 시절, 대학에 들어가기 위해 삼수를 했다. 마음이 얼마나 어려웠겠는가. 군대도 해병대에 자원 입대했다. 이유는 체력이 약해서였다. 해병 훈련소에 입소해서 처음 훈련을 받는 날을 회고했던 기억이 난다.

빨간 모자를 쓴 공포의 훈련조교가 당당하게 서서 훈련병들에게 질문을 던졌다.

"제트기가 왜 빨리 나는지 아십니까?"

"모릅니다."

"지금부터 알게 해 드리겠습니다. 제트기가 빨리 나는 이유는 똥줄에 불났기 때문입니다."(이 말은 제트기가 날 때, 연료를 분사하면서 뒤로 뿜어 나오는 불줄기를 빗대어 한 말이다.)

"앞에 보이는 축구골대까지 낮은 포복으로 선착순!"

그러더니 손에 들고 있던 지휘봉으로 훈련병들을 때리기 시작했다. 훈련병들은 빛의 속도로 움직이기 시작했다. 처음에는 눈빛도 흐리멍덩하고, 체력도 감당이 안되던 사람들이 훈련을 거듭하면서 진짜 해병이 되어갔다.

이것이다. 해병이 되는 것이 목적이면, 해병답게 훈련되어야 한다. 섬기는 예수 제자가 되는 것이 목적이면, 제자에 걸맞은 훈련을 받아야 한다. 절제는 자신과 세상에 이렇게 말하는 것이다.

'나에게 욕망보다 더 높은 목적이 있어. 그 목적을 성취하려면 절제해야 해.'

"신앙을 가장한 어리석은 이야기를 멀리 하십시오. 하나님 안에서 날마다 훈련하십시오. 영적인 무기력은 절대 금물입니다! 체육관에서 몸을 단련하는 것도 유익하지만, 하나님 안에서 훈련받는 삶은 훨씬 유익합니다. 그런 삶은 현재는 물론이고 영원토록 그대를 건강하게 해줄 것입니다. 이 말을 믿고 마음 깊이 새기

십시오."(딤전 4:7-9, 메시지성경)

이 말을 마음 깊이 간직한 십대가 있었다. 그는 운동이 싫었다. 그러나 하나님이 주신 삶의 높은 목적을 위해 체력을 단련하기로 결심한다. 그 결심을 하게 만든 근거가 디모데전서 4장의 말씀이다. 그리고 꾸준히 운동을 했다. 운동만 한 것이 아니었다. 열심히 공부했다. 이유는 역시 같았다. 인생의 높은 목적을 위해. 1945년 일리노이의 휘튼 대학에 입학했다.

그는 누구보다 성경에 열심이었다. 그래서 아예 전공을 헬라어로 선택한다. 그의 장래의 꿈은 선교사였다. 체력을 기르는 일에도 그의 절제의 힘이 나타났다. 그는 1학년 때 레슬링을 시작했다. 학교 대표팀에 선발되어 활동하기도 했다. 높은 목적 때문이었다.

그는 스무 살 때 이렇게 일기에 적었다.

'주님, 성공하게 하소서. 높은 자리에 오른다는 뜻이 아닙니다. 제 삶이 하나님을 아는 가치를 드러내는 전시품이 되게 해주소서.'

그는 성경을 공부하느라 성적을 관리하지 못한 적이 있었다. 그때 부모님께 편지에 이렇게 적어 보냈다. '이번 주에 성적표가 나왔는데 예상대로 지난 학기보다 떨어졌어요. 하지만 변명하지 않겠습니다. 성경을 공부하느라 일부러 성적에 신경을 덜 썼습니다. 저는 〈하나님이 인정하시는 학위〉(딤후 2:15)를 받고 싶습니다.'

그는 또 대학시절 이런 생각을 했다. '인간이 과연 지식을 뛰어넘는 그리스도의 사랑보다 더 좋은 것을 알 수 있단 말인가. 뜻 모를 철학의 수렁에 빠지느니 그분을 아는 지식에 취하고 싶다.'

하나님을 알고자 하는 그의 집중력은 많은 시간을 절제하며 집중된 에너지와 시간을 투자해야 하는 깊은 성경 공부와 묵상으로 이루어졌다. 그리고 그것은 분명한 절제와 훈련으로 구성되었다.

그럼에도 불구하고 1949년, 그는 대학을 수석 졸업했다. 그는 책상에 앉아 공부만 한 것이 아니었다. 그의 인생을 놓고 기도했고, 끊임없이 책을 읽었다. 그가 '데이빗 브레이너드의 생애'라는 책을 읽은 것은 스물두 살 때 일이다. 짧은 생애를 인디언 선교사로 보낸 데이빗 브레이너드의 일기를 출판한 책이었다. 그는 여러 달에 걸쳐 숙독했다. 그리고 생각했다. 그리고 일기장에 그의 가장 유명한 말을 남겼다.

"잃어버릴 수 없는 것을 얻기 위해 지킬 수 없는 것을 버리는 자는 바보가 아니다(He is no fool who give what he cannot keep to gain what he cannot lose)."

그의 이름은 짐 엘리엇이다.

짐 엘리엇의 생애를 기록한 그의 아내 엘리자베스 엘리엇의 책 『전능자의 그늘』을 읽으며 나는 두 번 놀랐다. 한 번은 그의 주님을 향한 불타는 절제의 훈련과 삶의 목표를 향한 헌신이었다. 두 번째 놀란 것은 의외의 놀람이었다. 그가 너무 잘생겼다는 것이다. 책을 읽는 내내 나는 그의 사진들을 보면서 눈부신 외모에 놀랐다. 그의 외모는 내 생각에 엘비스 프레슬리와 많이 닮았고, 그의 시대에 조니 뎁(Johnny Pepp)이거나, 조쉬 하트넷(Josh Hartnett)이었다. 외모가 가장 눈부신 배우에 버금갔다는 말이다.

그러나 그는 주의 사람이었다. 그의 외모도 주님의 것으로 훈련되었다. 짐 엘리엇은 놀라운 절제의 사람이었고, 하나님께 완전히 집중한 사람이었다.

"내게는 일편단심과 단순함이 필요하다. 보배도 하나, 시선도 하나, 주님도 하나면 된다."

눈부신 외모를 가진 짐 엘리엇이 스무 살 때 고백한 말이다. 그는 연애와 결혼을 하기 위해서 배우자를 선택하는 지극히 개인적인 사랑의 문제도 철저하게 절제했다.

그리고 하나님께 의뢰했다.

1953년 짐 엘리엇은 자신의 스물여섯 번째 생일에 엘리자베스와 결혼했다. 아내 엘리자베스는 하나님께 철저히 의존하는 남편을 마음 깊이 존경했다. 1956년 1월 8일 에콰도르 쿠라라이 강변에서 아우카 부족에 의해 짐 엘리엇은 순교한다. 짐은 그의 십대부터 준비했던 삶의 높은 목적을 향한 준비가 스물여덟 살의 나이에 일찍 순교라는 결말로 끝이 났다. 짐과 엘리자베스의 결혼도 3년이라는 짧은 생활이었다.

세상은 질문했다. '너무 허무하지 않은가. 이것은 낭비가 아닌가.' 당시 미국의 시사주간지 〈타임〉에서는 그렇게 한탄했다. 그러나 그것은 거룩한 낭비였다. 어쩌면 가장 비통했을 아내 엘리자베스는 "그리스도를 위해 사는 것과 그리스도를 위해 죽는 것이 그토록 크게 다른 것입니까? 그리스도를 위해 죽는 것이 그리스도를 위해 사는 것의 결과가 아닌가요?"라고 오히려 반문했다. 짐 엘리엇은 그의 짧은 생애를 통해 엄청난 도전이 되었다. 그의 삶은 십대에 절제했던 훈련의 삶으로 구성되었다. 그는 거룩한 십대의 모범이다.

나는 하나님의 높은 목적을 이루기 위해 절제해서 다 선교사가 되라는 말이 아니다. 순교자가 되라는 말은 더

욱 아니다. 순교자는 아무나 되는 게 아니다. 그것은 그 악한 시대에 하나님의 살아 계심을 증명하기 위해 가장 순전한 사람을 사용하시는 하나님의 아주 특별한 역설이다.

오히려 그 반대다. 하나님이 주신 삶을 높은 목적을 위해 살라. 그러기 위해 절제하라. 훈련을 감당하라.

공적인 영역에서의 절제와
사적인 영역에서의 절제

우리의 왕 멘토 바울 선생님이 말씀하시는 절제해야 할 영역은 두 가지다. 공적인 영역에서의 절제와 사적인 영역에서의 절제다.

첫째, 공적인 영역에서의 절제는 높은 부르심을 성취하기 위한 것이다(고전 9:25).

예수님을 만나는 사건은 개인적인 일에서 출발한다. 그러나 예수님을 만나 제자가 되는 것은 모든 사람을 위한 삶으로의 부르심이다. 그래서 자연스럽게 공적인 일이 된다. 예수를 만나 자기의 삶에 만족한다. 그런데 동시에 누군가를 위해 기여하는 삶을 살기 시작한다. 이것을 '공적인 삶'이라고 한다.

섬기는 예수 제자가 되기로 마음 먹은 순간, 그대는 '공인(公人)'이다. 자기의 삶의 목적대로 살 때, 누군가를 책임지는 삶을 산다는 것이다. 자신이 속한 사회를 위해 공헌하는 사람이 공인이다. 그대의 부르심이 그렇다. 주님이 부르실 때, 높은 부르심이 생겼다. 예수를 믿는 순간.

바울 선생님은 이스라엘 당대 최고의 엘리트였다고 했다. 그러나 예수님을 만난 다음, 인생의 목적이 달라졌다. 이제 자신의 모든 것의 중심에 예수님이 계셨다. 예수님을 마이너스 시키면 자신의 인생은 남는 게 없었다. 바울 선생님은 곰곰 생각하게 되었다.

"나를 이전에 흥분시켰던 눈부신 모든 지식 심지어 성경에 대한 것도 예수님이 아니면 의미가 없다. 예수님보다 높아지려는 모든 것은 다 똥이다(빌 3:8)."

바울 선생님에게 복음은 자신의 심장과 같은 것이 되었다. 그것이 없으면 죽게 되는 것. 그에게 복음은 이제 전하지 않으면 고통이 될 만큼(고전 9:16) 삶의 습관이 바뀌었다. 복음을 전하지 않으면 고통을 느끼는 사람, 바울의 믿음의 경주가 오늘 우리에게 복음을 누리게 한 것이다.

바울이 이기적인 생각으로 개인적인 노후를 안락하게

준비하는 엘리트에 불과했다면, 복음은 이 땅에서 사라졌을지 모른다. 우리는 살 소망이 없어졌을 것이다. 바울 선생님은 복음 전하는 일에 방해가 될까봐 후원금도 받지 않았다. 그건 바보 같은 행동이었다. 이것은 '3대 바보'에 드는 행동이라고 바울 자신도 소개한다(고전 9:7).

'3대 바보'는 바로 '자기 돈을 내고 군대에 가는 바보', '자기 과수원에서 나온 과일을 먹지 않는 바보', '자기 목장에서 나온 우유를 마시지 않는 바보'다. 세상이 다 웃을 일이다. 그런 바보는 없다. 그런데 여기 그런 바보가 있다. 바로 바울 바보다.

바울은 왜 바보가 되었을까? 높은 부르심을 성취하기 위해서다. 그것을 위해 자기가 가진 당연한 권리를 포기했다. 그것을 바울은 절제라고 불렀다. 우리가 사는 사회에서 섬기는 예수 제자가 자신의 부르심 - 사명을 성취하기 위해 권리를 포기하는 절제를 감행한다면, 세상은 '기독교'를 감히 '개독교'라고 부르지 않을 것이다. 이것은 예수님에 대한 모욕이다. 사실은 세상 사람들이 예수님을 모욕한 것이 아니다. 예수님을 모욕한 사람은 바로 이 절제를 모르는 기독교인들이다.

거룩한 십대여, 높은 부르심을 기뻐하면서 자기 권리를 포기하라. 주님을 위한 자기포기를 연습하라. 이 절제가 새로운 상식이 되는 모범의 삶을 살라. 그런 삶을 꿈꾸고 실행하라. 주님의 해병대에 입소하는 현빈이 되라. 은혜의 햇빛 아래에서 현빈보다 강도 높은 훈련을 받으라. 새로운 상식으로 예수님의 명예를 회복하는 이들의 명부에서 그대의 이름이 발견되게 하라.

바울은 이어서 세상의 상식적인 수준에서도 '절제'가 있어야 목적을 성취한다는 것을 보여준다.

> "여러분은 경기장에서 육상 선수들이 달리는 모습을 보았을 것입니다. 모든 선수가 달리지만, 상을 받는 선수는 한 명뿐입니다. 여러분도 상을 받을 수 있도록 달려가십시오. 훌륭한 육상 선수는 너나없이 열심히 훈련(절제)합니다. 그들은 녹슬어 없어질 금메달을 따려고 훈련하지만, 여러분은 영원한 금메달을 따려고 훈련하는 것입니다. 여러분은 어떤지 모르겠으나, 나는 결승선에 닿으려고 열심히 달리고 있습니다. 나는 내가 가진 모든 것을 그 일에 쏟고 있습니다. 되는 대로 사는 것은 나에게 있을 수 없는 일입니다! 나는 정신을 바짝 차리고 최상의 상태를 유지하고 있습니다. 이는 방심하다가 허를 찔리는 일이 없게 하려는 것입니다."

(고전 9 : 24-26, 메시지성경)

유진 피터슨 목사님은 고전 9 : 25을 번역하면서 '절제'라는 단어를 '열심히 훈련(train hard)'하는 것으로 능동적인 번역을 했다. 이 번역에는 절제는 목적이 있을 때 역동성을 가지는 것이라는 분위기가 담겨 있다.

육상 선수가 훈련하는 것을 보았는가. 내게 제일 기억에 남는 선수들이 있다. 2010년 밴쿠버 동계올림픽에서 여자 스피드 스케이트 500m에서 금메달을 따낸 이상화 선수와 남자 스피드 스케이트 500m에서 금메달을 따낸 모태범 선수였다. 이상화 선수가 말했다. 선수들은 허벅지 근력을 키우기 위해 매일 자동차 타이어를 매달고 자전거 탔다고. 심장은 터질 듯이 헐떡이고, 근육들이 한계점까지 가는 극한의 훈련이 매일 반복되었다고. 죽기보다 싫었다고.

그런데 참고 훈련한 이유가 있었다. 금메달이었다. 금메달을 따고 싶은 욕망이 쉬고 싶다는 욕망을 이겼다. 그들은 금메달을 딴 후 이런 명언을 남겼다.

"슬럼프는 자기 내면에서 나오는 꾀병이다."
(이상화 선수)
"성공이라는 못을 박으려면 끈질김이라는 망치가 필요하다." (모태범 선수)

내면의 꾀병을 이기는 힘은 금메달의 목표다. 끈질김이라는 망치를 손에 쥐는 것은 성공의 못을 박기 위해서라고 했다. 세상의 목적을 가진 육상 선수도 절제한다. 성공이라는 못을 박기 위해 절제를 통해 끈질김이라는 망치를 준비한다. 녹슬어 없어질 금메달을 위해서. 그대는 영원한 금메달을 향한 목표를 가졌다. 그대는 어떤 망치를 준비했는가?

둘째, 사적인 영역에서의 절제는 육체적인 욕망의 극복에 관한 것이다(고전 7:9 참고. 엡 5:3; 골 3:5).

홀로 있는 곳, 나의 방안, 내 습관이 주로 드러나는 사적인 공간. 내 마음이 주로 가 있는 장소, 마음뿐 아니라 몸도 가 있는 곳, 그곳에서 내가 만들어진다.

사적인 영역은 매우 중요한 곳이다. 처음에는 아무도 보지 못한다. 자신 외에는. 그러나 몇 년이 지나면 모두가 볼 수 있도록 삶이 말을 하기 시작한다. 사적인 영역에서 무슨 일이 있었는지. 사람을 대하는 표정과 태도, 일상 속에서 일어난 일들의 소소한 대화와 침묵, 믿음의 고백, 미소, 웃음과 비통, 걸음걸이와 뒷모습, 그 모든 것에서 드러난다.

사적인 영역에서 육체는 순간적인 욕망을 채우라고 속

삭인다. 예상치도 않은 달콤한 목소리로. 직접적인 성적인 유혹과 거기에서 확장되는 육체의 본성적인 유혹들을 '즐기라'고 유혹한다. 인터넷에는 아무 때나 화면에 펼쳐지는 포르노 사이트와 그에 버금가는 육체의 유혹이 있다. 인터넷 게임과 온라인 게임이 손에 닿을 거리에서 기다리는 것 같다. 그때 마음이 쉽게 타협하려 한다. '한 번, 딱 한 번만 즐기면 어때?' 이것이 전형적인 마귀의 속삭임이다.

성적인 욕망은 그 자체로는 악하지 않다. 건강하다는 증거다. 하나님은 성을 창조하셨고 즐기도록 하셨다. 그러나 결혼을 통해서 허용하셨다. 그러므로 하나님이 주신 결혼을 위해 거룩한 십대는 설레며 준비하는 시간이다. 그래서 오늘 성적인 욕망을 절제하는 것이다. 미래의 배우자에게 선물하라. 절제로 단련된 건강한 성을.

절제하지 않으면, 끊임없는 죄의식과 자기비하에 시달리게 된다. 하나님의 도움을 받지 못하는 죄의식은 영혼을 좀먹는다. 그런데 문제가 있다. 육체적 욕망은 단련하기가 쉽지 않다. 쉽게 극복할 수 있다면, 절제와 열심히 훈련하는 일이 왜 필요할까.

거룩한 십대는 여느 세상의 십대와 다를 바 없이 유혹에 노출되어 있다. 길을 걷다가, 예상하지 못한 장소에서 호감이 가는 이성과 마주칠 수 있다. '가슴이 세차게 콩닥

거린다. 내 심장소리가 내 귀에 들린다. 이게 뭐지? 의아해하며 이성에 대한 매력을 느낄 수 있다. 우리에게는 하나님이 주신 감탄의 능력이 있다. '아, 눈부시게 예쁘다. 김태희보다 뛰어나네. 현빈, 원빈 들 빈 시리즈 오빠들보다 잘생긴 남자다. '해품달'의 김수현보다 괜찮네. 눈이 멀겠는걸, 눈부시다!' 이렇게 생각할 수 있다. 아름다운 대상을 향해 감탄해 마지않는 능력은 자연스러운 것이다.

그런데 거기까지다. 그 아름다운 사람을 향한 감탄이 내 마음에 머물러 나가지 않고, 내 생각 속에서 끊임없이 상상이 일어난다면 그것은 생각의 왜곡이다. 이렇게 아름다운 대상에 대한 감탄이 상상으로 왜곡된 상태를 '정욕'이라고 한다. 정욕은 더 이상 아름다운 대상을 아름답게 보지 않는다. 마틴 루터는 이 주제에 관한 명언이 된 한마디를 던졌다.

"새가 우리 머리 위로 날아가는 것은 막을 수 없다. 하지만 새가 우리 머리 위에 둥지를 트는 것은 막을 수 있다."

내가 초등학교 6학년 때, 한창 봄이 피어 오른 5월 어느 날 운동회가 열렸다. 앞에서 열심히 응원 깃발을 들고 경기에 집중하려는 순간, 팔뚝에 무언가가 툭 떨어지는 느낌이 들었다. 그것은 새똥이었다. 나는 그때 처음 알았다. 새들은 공중을 날아가면서도 똥을 누는 실력이 있다는 사실을. 참 어처구니가 없었다. 서둘러 닦아냈던 기억이 있다. 만약 그 새가 내 머리 위에 내려앉아 그 짓을 했다면, 가만 두지 않았을 것이다. 나만 그런 생각을 할까? 죄의 유혹에 저항하는 것도 이와 같아야 한다는 것이다.

길을 지나는 사람들, 이웃에 사는 사람들, 학교에서 함께 하는 친구들, 교회에서 매주 만나는 사람들, 글로벌한 이웃들을 만나는 인터넷 사이버 공간에서도 아름다운 대상에 대한 감탄은 계속될 것이다. 그러나 그 미적 찬탄이 '정욕'으로 왜곡되는 것을 막아야 한다.

"죽음과 관련된 모든 것을 죽이십시오. 이것은 성적인 음란, 더러운 행위, 정욕, 무엇이든 자기 느낌에 좋으면 자기 마음대로 하려는 마음, 마음에 드는 것은 무엇이든 움켜쥐려는 마음을 죽이는 것입니다. 그것은 삶을 하나님이 아닌 느낌과 그 느낌의 대상들이 만들어 가도록 두는 일입니다."(골 3:5, 메시지 성경)

'일상에서 일하시는 하나님 보기'라는 부제가 붙은 마

이클 프로스트의 책 『일상, 하나님의 신비』(IVP역간, 2002)에는 『그리스인 조르바』와 『그리스도 최후의 유혹』을 쓴 그리스인 작가 니코스 카잔차키스(Nikos Kazantzakis)의 경험을 기록하고 있다. 카잔차키스는 그의 자서전인 『영혼의 자서전』에서 젊은 시절의 경험을 소개한다.

그는 젊은 시절 어떤 유명한 수도사를 만나러 동굴로 갔다. 수도사는 웅크린 자세로 땅 위에 누워 있었는데 수도사의 얼굴은 말할 수 없는 행복감에 젖은 얼굴이었다. 무슨 말을 해야 할지 몰라 망설이던 그는 용기를 내 혹시 아직도 마귀와 씨름하고 있냐고 조심스럽게 물었다.

그러자 신부는 뜻밖의 대답을 했다.

"난 이제 늙었고 마귀도 나와 함께 늙어버렸지. 그에게는 힘이 별로 없어. 난 지금 하나님과 씨름하고 있지."

하나님과 씨름하고 있다니. 그는 놀라서 혹시라도 신부님이 하나님과 씨름한다면 이기기를 바라느냐고 물었다. 그러자 신부는 이렇게 말했다.

"아니, 지고 싶단다. 얘야, 내 뼈들이 아직 붙어 있는 것을 보니 아직도 저항을 포기하지 않은 모양이다."

신부는 구원을 받고 싶다는 그에게 구원에 이르는 길은 오직 한 길뿐이라고 말했다.

"위로 올라가는 거지. 여러 계단을 올라가는 거야. 배

부름에서 배고픔으로, 해갈한 목에서 목마름으로, 기쁨에서 고통으로. 하나님은 배고픔과 목마름과 고통의 맨 꼭대기에 앉아 계시고, 마귀는 안락한 삶의 정상에 앉아 있단다. 선택하거라."

그러나 그는 아직 젊고, 세상에 좋은 것이 많다고 생각했다. 그러자 신부는 그를 흔들며 다시 말했다.

"얘야, 깨어나라. 죽음이 너를 깨우기 전에 일어나거라."

절제는 삶을 하나님의 의도대로 세워가기 위한 몸부림이다. 죽음과 관련된 것들을 죽이지 않으면 그대가 죽는다. 죽은 자의 모습은 겉모습만 예수님 제자처럼 가장할 수 있다. 그러면 잠시 동안 그렇게 보일지 모른다. 사람들을 속일 수 있을지 모른다. 문제는 하나님의 뜻이 아닌, 자신의 느낌을 추구하면 사망선고가 내려진다는 것이다.

계속 느낌을 추구하면 죽는다. 느낌은 언제나 하나님이 주신 삶의 목적을 뒤집으려 한다. 절제를 내팽개치도록 흔들어 놓으려 한다. 느낌은 언제나 절제에 있어서 치명적인 힘을 발휘한다. 달라스 윌라드 교수는 이렇게 충고한다.

"느낌의 코브라에 대적할 수 있는 것은 훈련된 의지라

는 몽구스[25]뿐이다."

그대는 선택해야 한다. 그대를 향한 높은 삶의 목적을 기억하고 하나님을 따라 살 것인가, 욕망을 따라 살 것인가? 사실은 깨어나야 한다. 생명을 붙드는 길은 선택의 여지가 없기 때문이다. 십대는 하나님이 주신 삶의 목적을 마음에 간직하기에 어린 나이가 아니다.

절제에 실패한 성경의 사람
삼손

절제를 생각할 때 공적인 영역과 개인적인 영역이 만나는 곳에서 동시에 인생의 실패를 맛본 대표적인 사람이 있다. 삼손이다.

삼손은 사사시대를 대표하는 사사다. 그가 태어난 시기는 혼란기였다. 나라가 외세의 침입을 자주 받았다. 여호수아의 정복 전쟁을 통해 약속의 땅에 정착한 사람들은 빠르게 그 땅으로 인도하신 하나님을 잊었다. 그것은 재앙의 시작이었고 위기는 반복되었다. 사람들은 왜 사는지 기억하지 못한 채 하루하루를 분주하게 살았다.

사사시대의 특징은 하나님의 높은 목적과 의도가 사라진 것이었다. 그 시대 사람들은 '자기 눈에 옳은 대로 (what is right in one's own eyes)' 살았다(삿 17 : 6, 21 : 25). 느낌을 의존하는 시대는 하나님의 부재(不在)로 인해 영적인 영양 실조에 시달렸다. 삼손의 시대도 다르지 않았다. 이스라엘은 40년 동안 블레셋(팔레스틴)의 압제 속에 시달렸다. 그들이 여호와의 눈앞에서(in the eyes of the Lord) 악을 행했기 때문이다(삿 13:1).

그때 삼손의 아버지 마노아는 아내의 불임으로 고통 당하고 있었다. 아이를 잉태하지 못하는 것은 생명을 낳지 못하는 시대를 암시한다. 그때 하나님이 아들을 낳도록 은혜를 베푸셨다. 그렇게 태어난 아들이 삼손이다.

그는 하나님의 은혜를 빼놓고는 설명이 어려울 만큼 기적적으로 탄생했다. 하나님은 삼손을 통해 그의 시대를 회복하실 계획을 가지고 계셨다. 하나님은 삼손을 통해 구원의 이야기를 만들어가시려 했다. 어둠의 세상을 뒤집는 하나님의 이야기. 그것은 그냥 이루어지는 게 아니었다.

삼손은 태어나면서부터 나실인으로 부름받았다. 나실인은 고도의 절제와 훈련으로 하나님께 집중되도록 부름받은 사람이다. 나실인으로 삼손이 손에 들어야 할 끈질김의 망치는 이런 것이었다. 나실인은 이스라엘 사람들의 식탁에 오르는 포도주도 마실 수 없었다. 포도주의 달콤한 향기는 잊어야 했다. 모든 술을 절제해야 했다. 머리를 자르고 자기의 스타일로 꾸미는 미용실 출입을 평생

금지당했으며, 음식도 가려 먹어야 했다. 죽은 시체를 만질 수 없었으며 생명을 살리기 위한 일에만 집중토록 절제의 훈련을 해야 했다.

삼손의 아버지는 하나님께 기도하고 기도했다. 예배했다. 하나님이 얼마나 그 계획에 관심을 가지셨는지 삼손의 아버지 마노아를 '기묘자'라는 이름으로 직접 찾아오시기도 했다(삿 13:18). 삼손은 하나님이 주신 복 가운데 성장한다. 하나님의 목적대로 사는 사람은 하나님의 눈으로(in the eyes of the Lord) 보는 것을 자신의 판단 기준으로 삼는다. 나실인도 말할 나위없다.

그런데 문제가 생겼다. 삼손이 '블레셋의 한 여자'를 보고 한눈에 반한 것이다(삿 14:1). 삼손은 하나님이 주신 삶의 목적은 기억하지 못했다. 불행하게도 삼손의 이야기는 바닥에 떨어져 깨져버린 유리병처럼 조각난 하나님의 일을 전해줄 뿐 하나님의 구원 이야기를 만들지 못한다. 염려하는 아버지에게 삼손은 말했다.

"그 여자가 나한테 딱이에요(삿 14 : 3)".

그는 주님이 위대한 구원의 이야기를 만들기 위해 주신 힘을 엉뚱한 곳에 사용했다. 맨손으로 사자를 죽이고, 거기서 나온 꿀을 부모에게 가져다 준다(삿 14 : 4-9). 삼손은 잔치 자리에서 포도주를 마셨을 것이다(삿 14 : 10). 이 모두가 나실인의 약속을 범하는 죄였다. 삼손은 그만큼 부주의했다. 나실인으로 고도의 절제훈련을 통해 키우신 목적을 잊어버렸다. 하나님이 삼손을 통해 하시고자 하는 일에 집중하지 못했다. 그 힘이 자기 것인 양 착각했다. 그 힘으로 욕망을 탐닉했다.

그리고 삼손은 하나님이 세우신 신비한 약속인 결혼과 그 잔치의 의미를 변질시켰다. 사자와 꿀 사건을 주제로 겉옷 30벌을 걸고 문제를 냈지만 삼손의 아내가 문제의 해답을 유출했다. 이에 분노한 삼손은 길을 걷던 다른 블레셋 사람 30명을 쳐죽이고 옷을 빼앗아서 자신의 문제를 푼 사람들에게 나눠줬다. 자신에게 있는 힘을 남용했다. 남의 소유를 위협하는 일에 수수께끼 문제 풀이를 사용한 것이다. 그리고 그 결혼이 그날로 깨졌다. 어처구니가 없는 일이다(삿 14 : 11-20).

얼마 후, 삼손은 분노를 가라앉히고 아내를 다시 찾아갔다. 그러나 아내는 이미 그의 친구에게 보내진 상태였다. 삼손은 또 분노한다. 이번에는 여우 300마리를 잡아다 꼬리에 불을 붙여서 추수를 앞둔 밀밭과 포도원, 그리고 올리브나무 사이를 뛰어다니게 했다. 블레셋 들판은 순식간에 불바다가 되었다. 이에 블레셋 왕은 분노했다. 삼손의 첫 장인과 첫 아내는 이 사건 때문에 블레셋 왕에 의해 화형에 처해졌다(삿 15:1-6). 삼손 한 사람을 죽이기 위해 군사를 일으켰으나 삼손은 혼자 당나귀 턱뼈 한 개만으로 창과 칼로 무장한 블레셋 병력 천 명을 죽이는 괴력을 발휘했다(삿 15:7-20).

삼손의 이야기에서 하나님의 원대한 구원 이야기는 조각나 있다고 했다. 승리의 웅대함이나, 나실인의 아름다움이 드러나지 않는다. 하나님이 주신 힘은 발휘했다. 하나님이 원하시는 블레셋을 향한 징계도 부분적으로 이루어졌다. 그러나 정작 삼손은 하나님께 연결되어 있지 않았다. 그는 여전히 바닥에 떨어져 깨져버린 조각난 유리병에 불과했다.

그러나 하나님은 실수를 넘어서서 실패한 사람도 사용하신다. 동시에 하나님의 목적으로 따라 살 기회를 주신다. 비극은 삼손이 하나님의 목적을 성취하는 절제의 사람으로 돌아오지 못하고 있다는 것이다.

삼손은 이 무렵 또 다른 블레셋 여자인 들릴라라는 여자와 사랑에 빠진다. 물론 삼손 혼자만의 착각이지만. 이제 더 이상 삼손에게서 나실인의 흔적을 발견할 수 없다. 삼손의 힘의 비결을 알기 위해 들릴라는 삼손에게 온갖 방법을 동원했다. 삼손은 여러 번의 위기를 피했다. 하지만 마침내 유혹에 굴복했다. 그의 머리카락은 그가 잠든 사이에 무참히 잘려 나갔다. 그것은 하나님의 도움이 조용히 끊어지는 소리였다. 삼손은 하나님이 주신 큰 능력으로 하나님을 자기의 삶에서 몰아내는 데 사용했다. 그는 하나님이 이미 자기를 떠나신 줄을 깨닫지 못했다(삿 16:20). 그는 자신과 함께하셨던 하나님의 거룩한 임재에 대한 영적인 감각이 마비상태였다.

괴력이 모두 빠져나간 삼손은 블레셋의 포로가 되었다. 그리고 하나님의 눈으로(in the eyes of the Lord) 보는 것을 자신의 판단 기준으로 삼지 못했던 삼손은 자신의 판단 근거인 자신의 눈마저 뽑힘을 당한다. 눈 먼 삼손은 하나님의 목적에 눈 먼 그의 참상을 드러냈다. 맷돌을 돌리며 짐승 같은 하루하루가 지나갔다.

삼손은 죽기 전에 하나님께 기도한다. 하나님은 그에게 다시 한 번 힘을 주신다. 그때 삼손이 알았을까? 그 힘이 자신의 것이 아니라는 것을. 삼손은 다곤 신전을 무너뜨렸다. 평생을 죽인 사람보다 더 많은 사람을 죽이고 자신도 처참한 최후를 맞는다(삿 16:1-31).

그보다 힘이 있었던 사사는 없었다. 그러나 그보다 무절제한 사사도 없었다. 나실인은 사람이 서원해서 구별되는 것이다(민 6:1-21). 그런데 삼손은 하나님이 직접 구별하셨다. 하나님은 삼손을 통해 고도의 절제 훈련으로 시대를 구원하시기 원하셨다. 하나님은 은혜를 부으셨다.

　그러나 삼손은 공인으로 하나님의 구원 역사의 파노라마를 펼치지 못했다. 하나님의 구원 이야기를 깨진 에피소드 조각들의 누더기로 만들고 말았다. 그의 높은 부르심은 누군가를 책임지는 삶도 살지 못했다. 자신이 속한 사회를 위해 조금 공헌했을 뿐, 사람들이 가진 불안함을 하나님의 일하심을 통한 희망으로 바꿔주지 못했다. 자기 자신조차 만족하지 못했을 욕망을 추구하는 삶을 살았다.

　개인적인 영역에서도 삼손은 자주 넘어졌다. 절제보다는 분노가 그의 미덕이었다. 그는 자주 분노했고 자주 힘을 남용했다. 그는 많은 시간 하나님의 목적을 기억하지 못했다. 자기가 원하는 삶을 그냥 하루하루 살아갔다. 절제로 훈련되어 하나님의 목적을 성취하도록 부름받은 사람, 그러나 자신의 욕망에 끌려 절제의 둑을 무너뜨리고 인생의 힘을 엉뚱한 곳에 물 쓰듯 탕진한 파산자, 그가 바로 삼손이었다.

　반면교사(反面教師)는 이럴 때 쓰는 말이다. 나는 그대들에게 삼손의 이야기를 써서 전하면서 마음이 참 아프다. 거룩한 십대에게서 이런 이가 단 한 사람도 나오지 않기를 바라는 마음이다.

"다시 말합니다. 이제 여러분은 삶의 길을 정할 때, 죄에게는 단 한 표의 권한도 허용하지 말아야 합니다. 죄는 거들떠보지도 마십시오. 그런 옛 방식의 삶이라면 잔심부름도 거절하십시오. 대신 여러분은, 온 마음을 다하고 온 시간을 들여 하나님의 길에 헌신하십시오. 여러분은 죽은 자 가운데서 일으켜진 사람임을 기억하십시오!"(롬 6:12-13, 메시지 성경)

어떻게 절제할까에 대한
두 가지 대답

　절제하는 삶은 고행하는 삶이 아니다. '아, 참아야지. 게임을 참아야지. 끊어야지, 나의 이 오랜 〇〇〇〇습관'. 결코 그런 방식으로 옛 습관은 끊어지지 않는다.

　육체의 욕망을 자기의 능력으로 꺾으려는 게 고행이다. 고행도 어느 정도 효과가 있을 수는 있다. 그러나 치명적인 약점이 있다. 마음에 자유가 없다. 그리고 기쁨이 없다. 자기가 고행의 최고 목적이기 때문이다. 절제는 성령의 요구를 따라 사는 것이다. 형태는 금욕적이지만 금욕주의는 아니다. 오히려 기독교 희락주의(Chriatian hedonism)[26]다.

　'죄의 욕망과 어떻게 싸울 것인가?'라는 질문에 대한 두 가지 대답이 있다.

그 첫 번째 대답은 샘 스톰즈에게서 배웠다. 그는 그의 책 『하나님이 주신 쾌락의 열쇠(Pleasure Evermore)』(가이드포스트, 2002)에서 이렇게 말했다.

"답이 있다. 다른 욕망으로 싸우면 된다."

이것이 첫 번째 대답이다. 우리에게 있는 다른 욕망은 하나님을 닮아가는 욕망이다. 이것은 크고 위대한 욕망이다. 거룩함에 대한 욕망이다.

거룩함이란 더 좋은 행복에 대한 하나님의 약속을 믿고, 의지하고, 맛보고, 귀히 여길 때 얻어진다. 물론 그 행복은 예수님과 사랑에 빠질 사람에게 깃드는 행복이다. 죄의 욕망이 우리를 지배하려는 힘은 더 강력한 지배력 - 그리스도 안에서 하나님을 알고 사랑하는 달콤한 이끌림으로 이길 수 있다.

나는 딸들을 키우면서 아빠로서 딸들에게 준 것보다 하나님과의 관계를 묵상케 하는 더 많은 선물을 얻었다.

어느 날 다섯 살 된 우리 큰딸이 과자를 하나 들고 맛있게 먹고 있었다. 가까이 가서 보니 그것은 학교 앞에서 파는 불량식품이었다. 놀라운 것은 내가 어릴 적에 먹던 불량식품이 아직도 팔리고 있다는 것이었다! 딸은 세상에 이런 오묘한 맛이 또 있을까 싶은 표정을 하고 먹는 데 골몰하고 있었다. 나는 생각했다. 어떻게 그 불량식품을 먹지 못하도록 할까?

나는 가게로 들어갔다. 그곳에서 가장 비싸고 고급스러운 아이스크림을 샀다. 그리고 '친절한 아빠씨'는 설명에 돌입했다. 얼마나 맛있는 아이스크림인지를 눈앞에서 보여주고 이목을 집중시켰다. 그러고 나서 천천히 포장지를 벗겨서 건네주었다.

딸의 반응은 놀라웠다. 골몰하던 불량식품을 그대로 손에 쥔 채, 다른 한 손을 내밀어 받으려 하지 않았다. 그런 행동은 탐욕이 많이 자란 초등학교 고학년 언니 오빠들이나 하는 것이었다. 일단 눈이 아이스크림의 황홀함에 사로잡히더니 불량식품을 쥐고 있던 손의 힘이 스르르 빠져나갔다. 다음 순간, 불량식품은 힘없이 버려졌다. 그리고 두 손으로 아이스크림을 받았다. 딸의 오감은 불꽃놀이를 했다. 혀의 즐거움은 콧노래를 만들었다. 콧노래는 온몸으로 반응하는 즐거움이 되었다. 이것이 다른 욕망으로 싸우는 것이다.

죄의 욕망과 어떻게 싸울 것인가라는 질문에 대한 두

번째 대답은 분리(separation)다.

만약 욕망을 이길 수 없다면, 욕망에 대한 접근금지를 선포하는 것이다. 가까이 하지 않는 것이다. '다른 욕망으로 싸우는 것'이 적극적인 싸움이라면, '분리'는 소극적인 싸움방법이다.

십대는 훈련된 '이성'보다는 '느낌'에 강한 지배를 받을 수 있다. 약할 때는 소극적인 방법도 싸움의 좋은 전략이다. 욕망에 더럽혀지지 않는 것이다. 접근금지를 선포했는데 다가올 수 있는 대상이라면 거룩함을 위한 삼십육계는 비겁함과는 다르다. 거룩한 십대가 되기 위한 차선책, 두 번째 방법이다.

철수는 결심을 했다. 한 학년을 진학하는 데 옛 습관을 끊기로 했다. 자꾸 온라인 게임이 눈앞에 아른거린다. '메이플스토리, 테일즈런너를 지나 이제는 엘소드와 서든어택이 나를 자꾸 어택하고 있다. 아, 하고 싶다. 그러나 결심을 실천하자 생각하는데 친구가 그건 배신이란다. 네가 끊으면 나랑 대화가 안 되니 더 이상 친구가 아니란다. 어떻게 하지?' 철수는 옛 습관을 끊을 때까지 친구에게 접근금지를 선포한다. 그래도 친구가 이해 못하고 자꾸 유혹하면, 당분간 친구를 만나지 않으려 한다.

만수는 PC방에서 누구의 방해도 받지 않고 게임에 몰입하는 게 좋다. 아, 이 상쾌한 PC방 냄새, 그런데 얼마 전 깨닫게 되었다. 자신이 너무나 많은 시간을 낭비하고 있다는 것을. 새로운 습관을 가지고 싶다. 집에 가는 길가에 있는 나의 사랑하는 PC방. 이제 새로운 습관을 위해 조금 멀더라도 다른 길로 돌아서 집에 가기로 했다. PC방은 이제 나에게 접근금지다.

다이어트를 하는 어떤 남자가 있다.

그는 아침마다 일어나서 하던 오래된 습관을 바꾸기로 결심했다. 지금까지는 출근하는 길에 빵집에 들러 빵을 사가지고 출근한 뒤 그만 먹어야겠다는 생각이 들 때까지 폭풍흡입하는 습관이 있었다.

어느 날, 그가 커다란 커피 케이크를 들고 출근을 했다. 직장 동료들이 물었다.

"다이어트 하는 것 이제 포기하셨나 봐요?"

그가 손사래를 치며 대답했다.

"아뇨. 저는 지금 하나님의 뜻에 순종하고 있는 것뿐이에요."

동료들은 의아한 표정으로 되물었다.

"하나님의 뜻에 순종하고 있다고요?"

그는 이렇게 대답했다.

"아, 다들 이 케이크 때문에 그러나 봐요. 이 케이크 말이에요. 오늘 아침 나도 모르게 빵집 옆길로 차를 몰고 가고 있었죠. 지나가는데 글쎄, 진열장에 이 커피 케이크가 있는 거예요. 그때 생각했어요.

'이건 우연이 아니야. 우연일 수 없어'

그래서 기도했어요.

'주님, 제가 커피 케이크를 먹는 것이 주님의 뜻이라면 빵집 바로 앞에 주차할 공간이 있게 해주소서.'

그런데 주차할 공간이 없는 거예요. 그래서 하나님의 뜻을 이루기 위해 포기하지 않았지요. 주차할 공간을 찾느라 빵집 근처를 여덟 바퀴를 돌았어요. 돌고 나니까 빵집 바로 앞에 주차할 공간이 생기더라고요."

결심을 했는데 그대가 아직 너무 유혹에 약하다면, 그 유혹에서 도망가라. 멀어져라. 그러지 않으면, 가까이 가서 여덟 바퀴를 돌면서 스스로 유혹되기를 바라면서 다이어트하겠다는 이 남자같이 될 것이다.

절제는 더 큰 목적을 위해 몸이 원하는 찰나적 욕망을 기꺼이 넘어서는 힘이다. 찰나적 욕망을 더 큰 욕망으로 싸우거나, 욕망을 피해 이길 힘을 키워야 한다. 그때 아직 일어나지 않은 일에 대한 거룩한 상상력이 필요하다.

'내가 찰나적 욕망의 달콤함에 넘어가면 어떤 일이 생기나?' 생각해야 한다. 그 욕망이 성이든, 오락의 습관이든, 찰나적 욕망(긴 시간을 낭비하는 오락도 찰나적이다)이 주는 흥분은 성냥을 켤 때 느끼는 짜릿함과 비슷하다.[27]

욕망은 순간적으로 반짝하는 드라마틱한 경험이지만 쭉 이어지지는 않는다. 문제는 '일단 성냥불을 켠 다음에 어떻게 할 것인가?'하는 것이다. 이에 대한 답은 '성냥을 켠 다음에는 초에 불을 붙인다'가 정답이다. 초는 적어도 처음에는 성냥만큼 흥분을 자아내지는 않는다.

하지만 성냥보다 양초는 훨씬 더 아름답다. 그 아름다움이 오래간다. 은은한 분위기를 자아낸다. 우리는 여기에서 교훈을 얻는다. 만약 초가 있다면, 더 좋은 것이 있다면, 성냥불이 꺼질 때 빨리 다른 성냥을 찾으려고 해서는 안 된다.

성냥은 초에 불을 붙이기 위해 필요하다. 게임을 할 때 발휘되는 전광석화 같은 판단력과 아름다움에 찬탄하는 건강한 감성은 성냥 한 개비와 같다. 하나님의 부르신 높은 목적이라는 양초에 불을 붙이라.

더 큰 기쁨으로 삶의 목적을 성취하기까지 새로운 습관을 길들이는 것은 멋진 일이다. 거룩한 십대만이 성취할 수 있는 일이다. 두 방법 중 어느 것이라도 좋다.

　싸우라. 절제를 무너뜨리는 모든 유혹과 전쟁을 선포하라. 전쟁을 수행하라. 그리고 이기라. 응원하고 응원한다.

3부

——————

만일 성령이 인도하신다면
if you are led by the Spirit

"그리스도인은 아무에게도 종속되지 않은
가장 자유로운 주인인 동시에 모든 사람에게 종속된 종이다."

– 마틴 루터

옛 폭군의 지배에서 벗어나
자유하라

C.S. 루이스가 쓴 기독교 판타지 소설 『나니아 연대기』는 복음을 말하는 책이다. 시리즈 1권인 〈사자, 마녀, 옷장 이야기〉는 복음을 상상을 통해 만든 세계 나니아에서 펼쳐지는 이야기를 통하여 전해준다.

소설 속에서 아이들은 숨바꼭질을 하다 장롱에 숨게 되었는데, 그곳은 나니아로 들어가는 출입구였다. 아이들은 그렇게 나니아라 불리는 땅에 들어가게 된다. 처음 그곳에 들어갔을 때, 그 땅은 온통 눈으로 뒤덮여 있었다. 추운 날씨에 크리스마스가 금지된 땅. 그것은 눈의 여왕의 저주 때문이었다. 그곳에 들어가게 된 피터와 수잔, 그리고 에드먼드와 루시는 모험을 하게 된다.

눈의 여왕의 유혹에 빠진 에드먼드를 구하기 위해 아

이들은 아즐란을 찾아 나선다. 에드먼드를 구할 수 있는 유일한 길이 아즐란에게 달렸다는 것을 비버들이 알려주었기 때문이다.

아즐란을 만나러 가는 길에 피터와 남매들은 크리스마스의 아버지(father christmas)에게 칼과 창을 선물로 받는다. 그리고 아즐란을 만나 에드먼드를 구해달라고 요청한다. 그즈음 눈의 여왕의 명령으로 비밀경찰인 늑대들이 세 명의 아이들을 추적 중이었다. 마침내 그들은 거기까지 쫓아왔다. 순식간에 수잔과 루시가 위험에 빠진다. 피터는 칼을 들고 늑대를 대적해 싸우려 한다. 아즐란의 군사들이 피터를 도우려 하지만 아즐란은 이렇게 말한다.

"그만두게. 이 전투는 피터의 전투야."

이 대목은 동일한 제목으로 개봉된 영화 속 한 장면으로 그려진다. 그 장면은 이 영화의 명장면 중 하나다. 책을 읽을 때보다 감동했다면 과장일까. 한눈에 보기에도 피터는 비밀경찰인 늑대들에게 상대가 되지 않는다. 누군가 도와야 한다. 아즐란은 도울 수 있다. 그런데 대신 싸우지 않는다. 이것은 피터의 전투이기 때문이다.

피터는 두렵다. 심장이 터져버릴 것같이 뛰고 있다. 아드레날린 과다분비로 호흡이 가쁘다. 그러나 동생들을 구해야 한다. 피터에게는 자신의 도움이 절실히 필요한 동생들이 있다. 물론 아직 피터는 자신이 손에 들고 있는 칼의 위력을 모른다. 누군가를 책임져야 한다는 책임감과 그것을 가능하게 하는 확실한 하나님의 약속의 말씀이 칼끝에서 빛나고 있다. 끝내 피터는 늑대와의 대결에서 승리한다.

전투에서 이기는 경험은 피터에게 중요하다. 그대는 먼저 세상의 습관과의 전투에서 이기는 경험이 쌓여야 한다. 그 승리의 기쁨은 이기는 습관을 선물할 것이다. 나중에 피터의 전투로 상징된 그대의 전투는 개인적인 습관과 내면의 문제를 넘어설 것이다. 그대의 전투경험은 훗날 그대가 악한 세력들과 사회의 구조에 숨겨진 악과 전투하는 데 요긴하게 쓰일 것이다. 그 시대와 미래를 준비하기 위해 그대가 속한 사회의 모든 영역에서 전투를 승리로 이끌어야 하기 때문이다.

다시 〈사자, 마녀, 옷장 이야기〉로 돌아가보자.

피터의 승리 이후, 아즐란의 군사들은 도망치는 늑대를 추적해서 에드먼드를 구출한다. 그런데 문제가 생겼다. 눈의 여왕이 아즐란을 몰래 찾아온 것이다. 그리고 나니아의 법적인 권리를 주장한다. 그것은 '배신자는 죽일 권리가 있다'는 것이다. 에드먼드는 눈의 여왕에겐 배

신자였다.

하지만 우리는 알고 있다. 에드먼드를 속인 자가 바로 눈의 여왕이라는 것을. 사기꾼은 눈의 여왕이다. 배신하도록 달콤하게 유혹해놓고, 이제 죽이려고 하는 것이다. 기억하라. 가짜를 팔아 진리를 가진 사람을 파산시키는 것. 이것이 사탄의 전략이고, 죽음은 그 유혹에 넘어간 우리의 결과물이다.

눈의 여왕은 아즐란에게 계속 주장한다. 만약 배신자를 죽일 권리가 지켜지지 않을 경우, 모든 나니아가 멸망하고 불태워질 위기에 처할 것이라고. 에드먼드 또한 죽을 수밖에 없는 상황이다.

그때 아즐란은 에드먼드와 나니아를 대신해서 십자가로 상징되는 돌 탁자를 향해 조용히 길을 떠난다. 우연히 수잔과 루시가 그것을 보게 된다. 달빛이 흐르는 길. 아즐란과 두 소녀가 대화하고 있다. 그러나 끝까지 따를 수 있는 길이 아니다. 아즐란은 두 소녀를 멈추게 한다. 이제부터 온 나니아와 지극히 작은 개인에 불과한 에드먼드를 구하기 위해 아즐란만 책임질 수 있는 죽음의 길을 간다. 그리고 돌 탁자에 오른다. 그리고 사자 아즐란의 위엄과 존엄의 상징인 수염이 다 깎이는 수치를 당한다.

그러나 나니아는 그 밤에 아즐란에게 무슨 일이 일어

나는지 모른다. 수잔과 루시를 빼고는. 예수님을 상징하
는 아즐란은 비참한 최후를 맞는다. 수잔과 루시는 깊은
슬픔에 빠진다. 그러나 아즐란이 비참한 최후를 맞이했
던 돌 탁자는 깨진다. 아즐란은 다시 살아났다. 예수님은
다시 부활했다. 그리고 눈의 여왕과의 전쟁에서 승리한
다. 부활은 이미 승리한 전쟁의 깃발이다.

작가인 C.S. 루이스는 이 묘사를 통해 복음에 나타난
능력을 강력하게 비유했다. 이후 6년 동안 6권의 책을 더
써서 『나니아 연대기』라는 7권의 시리즈를 완성했다.[28]

루이스는 이 책을 왜 썼을까? 당시 영국에서는 제2차
세계대전으로 두려움에 빠진 십대들이 독일군의 공습을
피해 시골로 피신하는 일이 흔했다. 루이스는 1939년 자
신의 집으로 피난을 온 마가렛(Margeret), 메리(Mary), 캐서린
(Katherine)과 함께 보낸 시간을 통해 십대들을 위한 이야기
를 써야겠다는 생각을 하게 되었다. 거룩한 십대를 위해
복음에 살아있는 분명한 승리의 희망을 전달한 것이다.

『나니아 연대기』는 책을 읽든, 동일한 제목으로 나온
영화를 보든, 아즐란이 예수 그리스도임을 분명히 알 수
있도록 장치해두었다. 눈의 여왕은 사탄이고, 네 명의 아
이들은 하나님 나라를 유업으로 받는 거룩한 십대들이
다. 피터의 손에 들린 칼은 성령의 검, 곧 하나님의 약속

있는 말씀(엡 6:17)임이 분명하다. 아즐란(예수님)은 부활하셨고 전쟁은 승리했다.

눈의 여왕으로 상징된 사탄은 등뼈가 부러져 결정적인 타격을 입는다. 다시 승리를 노릴 수 없다. 사탄의 패배는 결정되었다. 그러나 그 타격을 입은 몸으로 끝까지 국지전을 벌인다. 신자들에게 이 국지전은 그리스도가 승리한 전쟁이 완전히 종결될 때까지 벌이는 '승리 확인 전투'다. 이 전투는 우리의 몫이다.

세상의 십대들은 오늘도 희생자 명단에 자신의 이름을 올리고 있다. 옛 폭군은 아직도 힘이 세기 때문이다. 옛 폭군은 잠깐의 가짜 기쁨을 사기 위해 영원한 삶의 목적을 포기하라고 유혹한다. 그래서 유혹에 넘어간 사람들의 영원한 삶의 목적이 오늘도 쓰레기통에 처박히고 있다. 비참한 일이다.

거룩한 십대가 할 일은 성령의 검을 들고 확정된 예수님의 승리를 확인하는 전투에서 승리하는 일이다. 그래서 거룩한 십대는 성령을 따라 생각해야 한다. 이미 이겼다. 그리스도가 모든 것을 이루셨다.

육체를 따라 사는 것은 패배를 따라 사는 것이다. 전에는 어둠 속에서 자주 길을 잃었다. 이제 그 정도면 충분하다. 이제 그만 헤매자. 이제 그대가 있는 곳은 그리스도의 밝은 빛 아래다. 그 빛이 성령을 따라 걸어갈 길을 환히 비추어주고 있다(엡 5 : 8).

더 이상 비틀거리지 마라. 더 이상 삶의 목적이 없다고 말하지 마라. 이미 높은 부르심이 있다. 부르심에 합당하게 행하라(엡 4 : 1).

돌아가지 마라. 어둠이 좋다고 사기치는 사기꾼들의 정체를 폭로해라. 그 속임수에 넘어가 지금껏 얼마나 많은 시간을 낭비했는가. 생각없이 경솔하게 살지 마라. 주님이 바라시는 게 무엇인지 끊임없이 생각하라. 분명히 이해하고 명확하게 가슴에 새기라(엡 5 : 17).

"그러므로 나는 힘주어 말합니다. 하나님께서는 내 말을 지지하십니다. 아무 생각이나 분별없이 사는 대중들을 따라가지 마십시오. 그들은 너무나 오랫동안 하나님과 관계 맺기를 거부한 나머지, 하나님은 물론이고 현실에 대해서도 감각을 잃어버린 자들입니다. 그들은 똑바로 생각할 줄 모릅니다. 감각을 잃어버린 그들은 성에 집착하고 온갖 종류의 변태 행위에 중독되어 있습니다. 그런 삶은 여러분에게 어울리지 않습니다. 여러분은 그리스도를 배웠습니다. 우리가 예수 안에서 배운 것처럼, 여러분도 그분께 세심한 주의를 기울였고 진리 안에서 제대로 교육받았습니다. 따라서 우리에게는 못 배워서 그랬다는 핑계가 통하지 않으니, 저 낡은 생활 방식과 관련된 모든 것—말 그대로 모든 것—을 버리십시오. 그것은 속속들이 썩었으니, 내다 버리십시오! 그 대신, 전혀 새로운 생활방식을 입으십시오. 하나님께서 그분의 성품을 여러분 안에 정확하게 재현해 내시는 것같이, 하나님께서 만들어 주신 생활 안에서부터 새로워진 생활을 몸에 익히고 그 생활이 여러분의 행위에 배어들게 하십시오."

(엡 4 : 17-24, 메시지 성경)

우리의 몸은 정확하다. 문제가 생기면 신호를 보낸다. 피곤하면 하품을 한다. 갑자기 눈이 충혈되기도 하고 꾸벅꾸벅 졸기도 한다.

우리의 영혼도 정확하다. 우리는 외부에서 쳐들어오는 적들과 효과적으로 싸우기 위한 영혼의 내부 항체들인 인내, 친절, 절제 등을 가지고 있어야 한다. 그러나 훈련되지 않는다면 내부항체가 없어 속수무책으로 패배할 수 있다. 우리 영혼에 침투하려는 적들 중에 우리가 맞서야 할 치명적인 적이 있다. 적은 우리의 절제로 훈련되지 못한 욕망과 상처를 파고든다. 삶의 목적을 따라 집중하지 못하는 마음, 어려움을 견딜 버팀의 훈련부족을 공격할 것이다. 그리고 용서하지 않는 마음과 친절을 질투로 바꾸는 변질을 숙성시키고 우리를 넘어뜨리려 할 것이다.

그리스도께서 이미 승리한 전쟁을 미숙한 전투준비로 임하지 마라. 그러면 그리스도가 전쟁에 패배한 것 같은 실패의 망상에 시달릴 수 있다. 그래서 무장이 필요하다. 새로운 습관을 몸에 배도록 연습해야 한다. 하루아침에 이루어지지 않기에 끈질김이라는 망치를 들고 예수님께 연결되어야 한다. 붙어 있어야 한다. 성령으로 행하라. 육체를 죽이지 않으면 그대가 죽는다.

"이제 마무리하겠습니다. 하나님은 강하신 분입니다. 하나님은 여러분도 그분 안에서 강하기를 바라십니다. 그러니 주님께서 여러분을 위해 마련해 주신 모든 것을 곧 가장 좋은 재료로 정교하게 만들어진 무기를 취하십시오. 그 무기를 활용해서 마귀가 여러분의 길에 던져 놓은 모든 장애물에 용감히 맞서십시오. 이 싸움은 잠깐 출전해서 쉽게 이기고 금세 잊고 마는 한나절의 운동 경기가 아닙니다. 이 싸움은 지구전, 곧 마귀와 그 수하들을 상대로 끝까지 싸우는, 사느냐 죽느냐의 싸움입니다."(엡 6 : 10-12, 메시지 성경)

당당하게
하나님의 아들딸로 도전하라

　십대들을 위해 글을 쓰면서 내내 점점 가슴이 뛰는 것을 경험했다. 십대들이 하나님의 임재를 안다면, 두려울 것이 없다. 그것은 성령을 따라 살 때 이루어지는 일이다. 우리에게 있는 싸움은 국지전이지만 영혼에 치명상을 입힐 수 있는 전투다. 훈련하고 무장하지 않는다면, 사탄의 역공에 큰 위험에 처할지 모른다. 단단히 준비해야 한다. 우리의 왕 멘토 바울 선생님의 확신에 찬 초청과 충고를 기억하는 것이 유익할 것이다.

　바울은 '만일 성령으로 살면, 성령으로 행하라'(갈 5:25)라고 말씀하신다. 이 구절을 좀더 분명히 번역하면, '성령으로 살면 성령과 일렬로 서도록 하자'라고 번역할 수 있다. 풀어보면 이런 뜻이다. 만일 그대가 육체를 죽이고 성령을 따라 살기로 했다면 그대의 삶의 구석구석에서 성령을 따라 정렬시킨 습관들이 나타나야 한다.

성령이 그대의 삶을 지배한다는 것은 김치를 담글 때 배추가 절여지는 것과 같다. 먼저 고난을 통해 숨이 죽어야 한다. 인내의 시간이 지나간다. 그리고는 소금을 다 행궈내야 한다. 고난이 준 상처의 소금기가 남아 있으면 맛있는 김치를 담글 수 없다. 담백하게 절여진 배추는 김치로서 자신 안으로 맛깔스런 김칫소를 받아들일 수 있는 준비가 끝났다.

절여진 배추에 잘 버무려진 김칫소를 채워야 한다. 친절과 선함이 드러난다. 숙성의 시간 속으로 다시 들어간다. 맛있는 김치로 식탁에 놓여지기까지 절제의 시간이 지난다.

나는 성령으로 훈련되어 성장하는 것을 김치 만들기 과정으로 비유했다. 어떤 이는 지나친 비유라 할지 모르겠다. 그래도 한 가지는 동의할 것이다. 김치도 생각만으로는 담글 수 없는 것처럼, 성령의 사람도 그저 생각 만으로 만들어지지 않는다는 것을.

머릿속의 결심만 갖고는 아무 일도 일어나지 않는다. 마음 속에서 일어나는 감정에 머물러 '닮고 싶어요'라는 잠깐의 바람으로는 안 된다. 성령 안에 살고 있다고 자동적으로 성령의 열매를 맺는 게 아니기 때문이다.

아기가 태어나면서 걸었다는 말을 들어본 적이 있는가? 그건 놀랄 만한 일이지만 있을 수 없는 일이다. 하지만 모든 태어나는 아기가 가지고 있는 것이 있다. 자라나기 위한 열망이다. 아기는 열심히 성장한다. 지금 십대의 시간을 보내고 있는 여러분 중에 한 사람도 예외 없이 그렇게 자랐다. 열정적으로 기었고, 걸었다. 때로 넘어졌고, 울기도 했지만 아프다고 포기한 아기는 들어본 적이 없다.

성장은 자라고자 하는 열망에서 시작된다. 그리고 포기하지 않는 열망은 목표에 도달할 것이다. 아름다운 성장. 지금까지 줄곧 얘기했다. 삶의 목표를 기억하라. 그대에게 높은 부르심이 있다.

그리고 어떤 상황에도 포기하지 말라. 당당하게 하나님의 아들들, 딸들로 도전하라. 시대를 이해할 줄 아는 지식을 갖추라. 이 시대의 아고라와 아레오바고에서 토론할 수 있도록. 시대와 시대정신을 이끌 수 있도록. 그러나 그들에게 가장 귀한 예수를 전했던 바울과 같이 자신을 먼저 준비하라. 훈련하라.

성령께서 여러분과 늘 함께 계시다.

진정 건투를 빈다.

미 주

/

1. 내가 중학교 3학년 때, 인상 깊게 읽었던 문학평론집이 있었다. 작고한 문학평론가 김현의 책이었다. 그 책에서 김현이 독자들에게 던졌던 질문이 하나 있었다. "인간과 동물의 변별력이 무엇입니까?" 나는 '변별력'이라는 단어를 처음 접했다. 난감해졌다. 그러나 포기할 수는 없었다. 사전을 뒤졌다. [명사] 사물의 옳고 그름이나 좋고 나쁨을 가리는 능력. 그러나 이 단어가 바로 이해되지는 않았다. 그리고 이후 독서력이 늘어가면서 이 단어는 나의 사전 속에 등재된 중요한 단어가 되었다. 아. 김현 선생님의 질문에 대한 답이 궁금할 지 모르겠다. 그래서 밝힌다. 답은 '인간은 동물과 달리 사물을 은유로 표현하는 능력이 있다'는 것이었다. 이 대답은 이후 내가 책을 읽고 은유적인 표현들을 더 주의 깊게 보고 생각하게 하는 데 중요한 기초가 되었다.

2. "우리는 그분 안에서 살고 움직입니다. We live and move in him" 유진 피터슨, 메시지 성경, 행 17:28

3. agora, 아테네 시민들이 서로 소통하던 광장; 참고. 위키백과는 이렇게 적고 있다 – 아고라는 고대 그리스의 도시들에 있었던 열린 '회의의 장소'였다. 초기 그리스 시대(BC 900–700년 경)에 고대 그리스의 시민으로 분류되던 자유민인 남성은 아고라에서 국방의 의무에 대해 모으거나 왕, 의회의 통치의 발언을 듣곤 했다. 후기 그리스 시대에, 아고라는 상인들이 콜로네이드 아래에서 그들의 상품을 팔기 위한 노점, 상점 등을 운영하는 시장의 기능을 제공했다. 고대 아테네는 그들의 중심가에 큰 아고라가 있었던 것을 자랑스럽게 생각했다. 아테네의 지배자인 페이시

스트라토스와 히피아스 아래에서, 아고라는 약 600에서 7500야드의 열린 정사각형 공간으로 정리되었고, 웅장한 공공 건물들과 구분되었다. [수많은 사전 중에 위키백과 사전을 사용한 이유가 있다. 여러분의 시대를 상징하는 사전이기 때문이다. 쌍방향 사전. 내가 자랄 때는 상상도 할 수 없었던 생각이다. 누려라. 그대들의 시대는 정보의 출처가 빈곤한 시대가 아니라, 유익한 정보를 찾고 통합하는 힘이 없다는 것이다. 더 위대한 시대를 만들기 위해 이 시대의 모든 도구를 사용하라는 뜻이다.]

4. 참고. 행 17:18을 보라.

5. 딤후 3:16–17을 보라. "모든 성경은 하나님의 감동으로 된 것으로 교훈과 책망과 바르게 함과 의로 교육하기에 유익하니 이는 하나님의 사람으로 온전하게 하며 모든 선한 일을 행할 능력을 갖추게 하려 함이라"

6. 요 16:8–11

7. 요 14:27

8. 로마서 8장을 주의하여 읽어보라.

9. 행 6:10

10. 육체가 왜 나쁜 것일까? 의문이 든다면 여기를 보라. 성경은 단순한 몸과 타락한 본성을 말하는 육체를 구분해서 생각했다. 그래서 신약성경에서 '육체'로 번역되는 헬라어 단어는 두 개다. 소마(soma)와 사릌스(sarx)다. 소마는 보통 단순히 '몸'을 가리킨다. 그러나 사릌스는 '몸'을 지칭하는 데 쓰이기도 하지만, 사람의 타락한 본성을 가리키는 '육체'라는 의미로 쓰인다. 본문에 쓰인 단어가 사릌스(sarx,σαρξ)다.

11. 갈 5:21에 "이런 일을 하는 자들은 하나님의 나라를 유업으로 받지 못할 것이요"라고 언급하는데, 여기서 '하는'에 해당되는 헬라어 '프라손테스(prassontes)'는 '습관적인 것', 다시 말해서 '거듭해서 행하는 것'을 의미

한다. 어려운 말로 하자면, 이 행위는 '단 한번의 실수인 점적(點的) 행위, 한 사건으로서의 행위'가 아닌, '여러 번 반복되어 어느덧 인격이 되어버린 선적(線的) 행위, 지속적인 반복 행위'를 묘사하고 있다. 즉, 계속적으로 육체의 일을 탐닉하는 것을 나타내는 말씀이다.

12. 히 10:36 "너희에게 인내가 필요함은 너희가 하나님의 뜻을 행한 후에 약속하신 것을 받기 위함이라"

13. 이 부분의 묵상은 톰 라이트의 질문과 묵상에서 도움을 받았다.

14. 빌 1:29 "그리스도를 위하여 너희에게 은혜를 주신 것은 다만 그를 믿을 뿐 아니라 또한 그를 위하여 고난도 받게 하려 하심이라"

15. 헬라어로 프로사고게(prosagoge)인데, '접근, 입장'이란 의미를 가지고 있다.

16. "[17] 참올리브나무의 가지 중에서 얼마를 잘라낸 뒤, 야생 올리브나뭇가지인 여러분을 원 가지에 접붙이면, 접붙여진 가지는 참올리브나무로부터 올라오는 양분을 받게 됩니다. [18] 그러니 여러분은 잘려나간 가지를 향해 자랑하지 마십시오. 자랑하더라도 명심할 것이 있습니다. 여러분이 뿌리를 지탱하는 것이 아니라, 뿌리가 여러분을 지탱한다는 사실입니다. [19] 여러분은 이렇게 말할 수도 있을 것입니다. "나를 접붙이기 위해 가지들이 잘려나갔다"라고 말입니다. [20] 이것은 백 번 지당한 말입니다. 그 가지들은 믿지 않았기 때문에 잘려나갔고, 반대로 여러분은 믿었기 때문에 나무에 붙어 있습니다. 그러니 자만하지 말고, 오히려 두려워하십시오. [21] 하나님께서 원래 나무에 붙어 있던 가지들도 아끼지 않으셨다면, 여러분도 아끼지 않으실 것입니다. [22] 그러므로 하나님의 인자하심과 엄격하심을 깊이 생각하십시오. 넘어진 사람들에게는 하나님의 엄격하심을, 여러분에게는 하나님의 인자하심을 보이셨습니다. 여러

분이 계속해서 하나님의 인자하심에 머물러 있으면, 하나님께서도 인자함을 베푸실 것입니다. 만일 하나님의 인자하심에 계속 머물러 있지 않으면, 여러분도 잘리게 될 것입니다. [23] 그리고 잘려나간 가지가 다시 믿게 되면 그들도 다시 접붙임을 받게 될 것입니다. 왜냐하면 하나님께는 그들을 다시 접붙이실 능력이 있기 때문입니다. [24] 여러분은 본래 붙어 있던 야생 올리브나무에서 잘려, 여러분이 속한 종자와는 다른, 좋은 올리브나무에 접붙여진 가지입니다. 그렇다면 원래 좋은 올리브 가지였던 유대인들이 원래 그들이 붙어 있던 좋은 올리브나무에 접붙여지는 것은 얼마나 쉬운 일이겠습니까?" [쉬운성경]

17. 골 1:19-22 "아버지께서는 모든 충만으로 예수 안에 거하게 하시고 그의 십자가의 피로 화평을 이루사 만물 곧 땅에 있는 것들이나 하늘에 있는 것들이 그로 말미암아 자기와 화목하게 되기를 기뻐하심이라 전에 악한 행실로 멀리 떠나 마음으로 원수가 되었던 너희를 이제는 그의 육체의 죽음으로 말미암아 화목하게 하사 너희를 거룩하고 흠 없고 책망할 것이 없는 자로 그 앞에 세우고자 하셨으니"

18. 나중에 커서 궁금해진다면 참고하라. Karen H. Jobes, *ECNT 1 Peter* (Grand Rapids, MI:Baker Academic,2005), p.137.

19. 나중에 커서 다시 이 책을 꺼내볼 일이 있을 때 참고하라.
Ben Witherington, III , *John's Wisdom* (Louisville, Kentucky : Westminster John Knox Press, 1995), pp.309-310.

20. 탄줘잉, 『살아있는 동안 꼭 해야 할 49가지』 (서울:위즈덤 하우스,2004), pp.125-128.

21. 우리나라에서는 『아름다운 세상을 위하여』 라는 제목으로 상영되었다.

22. 장영희, 『살아온 기적 살아갈 기적』 (서울:샘터, 2009), pp.23-25.

23. 참고. 위키백과는 실존주의를 이렇게 설명하고 있다. "제1차세계대전, 스페인 내전, 제2차세계대전을 겪은 유럽에는 허무감과 좌절감이 팽배했다. 그 결과 인간의 이성, 역사의 발전, 신의 권능에 대한 근본적인 회의가 생겨났다. 전쟁의 체험, 수용소에 갇혀 있던 사람들의 고발 및 증언 앞에서 허망과 절망을 철학적, 문학적 고찰의 출발점으로 삼지 않을 수 없었다. 모든 것이 무의미하다는 절망감을 지성으로 극복하고 논리화하는 과정에서 실존주의 철학이 생겨났다. 이렇게 우발적이고 허망한 세계에 내던져진 인간은 자신의 자유에 모든 것을 걸고, 이성으로 절망을 인식해야 했다. 이성을 가진 인간과 비합리적인 세계 사이에 있는 모순이 부조리인데, 이것을 논리화하기보다는 있는 그대로 긍정하며, 즉 반항하며 허무감을 이겨내고 휴머니즘을 재건하게 된다.

24. 알리스터 맥그래스는 영국 성공회 목사이자, 신학자다. 그는 자연과학을 공부하기 위해 옥스퍼드 대학교에 입학해서 22세에 분자생물학 박사학위를 받는다. 대학 학창시절, 그는 기독교인 친구들의 삶에 감화를 받았고, 영국의 3대 복음주의 신학자 중의 한 사람인 마이클 그린과 같은 복음주의 지도자들의 강연에 나가기 시작했는데, 이를 계기로 회심한다. 영국의 3대 복음주의자인 존 스토트, 제임스 패커, 마이클 그린에게서 수혜를 입은 것을 그의 책에서 자랑하곤 한다. 그는 전도유망한 과학자의 삶을 버리고 신학을 공부하게 되었으며, 복음이 답이라는 깨달음으로 복음주의자가 되었다. 스물네 살에 옥스퍼드 대학교에서 신학박사 학위를 받았다. 1980년 목사 안수를 받은 후, 노팅검의 성 레오나드 교구 교회(St Leonard's Parish Church)에서 목회했다. 옥스퍼드 대학교에서 역사신학을 가르쳤으며, 2005년부터 성공회 신학교인 옥스퍼드 대학교 위클리프 홀(Wycliffe Hall)에서 학장으로 일하다가 은퇴

하였다. 나중에 맥그래스의 책은 모두 일독하기를 권한다. 실존주의에
관한 그의 생각은 그의 책, 『Justification by Faith』(1988)에 담겨 있다.

25. 코브라의 천적인 파충류.

26. 이 개념을 처음 논의한 사람은 존 파이퍼이다. 관심이 생겼을 때 읽어
보라. 그의 책 『여호와를 갈망하라』(생명의 말씀사 역간)에 나와 있다.

27. 영국의 신학자 톰 라이트의 책 『그리스도인의 미덕』(2010) p.368에 나
온 젊은이들에 대한 충고에서 도움을 받았다. 나중에 독서력이 자란 후,
그대들이 일독해야 할 책이다.

28. 참고. 위키백과. 나니아 시리즈의 제목과 출간순서는 다음과 같다.

발행 연도 (출판 순서)	전개상 순서	제 목
1 (1950년)	2	사자와 마녀와 옷장
2 (1951년)	4	캐스피언 왕자
3 (1952년)	5	새벽 출정호의 항해
4 (1953년)	6	은의자
5 (1954년)	3	말과 소년
6 (1955년	1	마법사의 조카
7 (1956년)	7	마지막 전투

그대들의 일독을 권한다. 한 번 읽었다면 시간을 내서 또 다시 읽어보라.

"오직 성령의 열매는 사랑과 희락과
화평과 오래 참음과 자비와 양선과 충성과 온유와 절제니
이같은 것을 금지할 법이 없느니라" (갈 5:22-23)

"신앙을 가장한 어리석은 이야기를 멀리하십시오. 하나님 안에서 날마다 훈련하십시오. 영적 무기력은 절대 금물입니다! 체육관에서 몸을 단련하는 것도 유익하지만, 하나님 안에서 훈련받는 삶은 훨씬 유익합니다." (딤전 4:7)

"죽음과 관련된 모든 것을 죽이십시오. 이것은 성적인 음란, 더러운 행위, 정욕, 무엇이든 자기 느낌에 좋으면 자기 마음대로 하려는 마음, 마음에 드는 것은 무엇이든 움켜쥐려는 마음을 죽이는 것입니다. 그것은 삶을 하나님이 아닌 느낌과 그 느낌의 대상들이 만들어 가도록 두는 일입니다." (골 3:5)